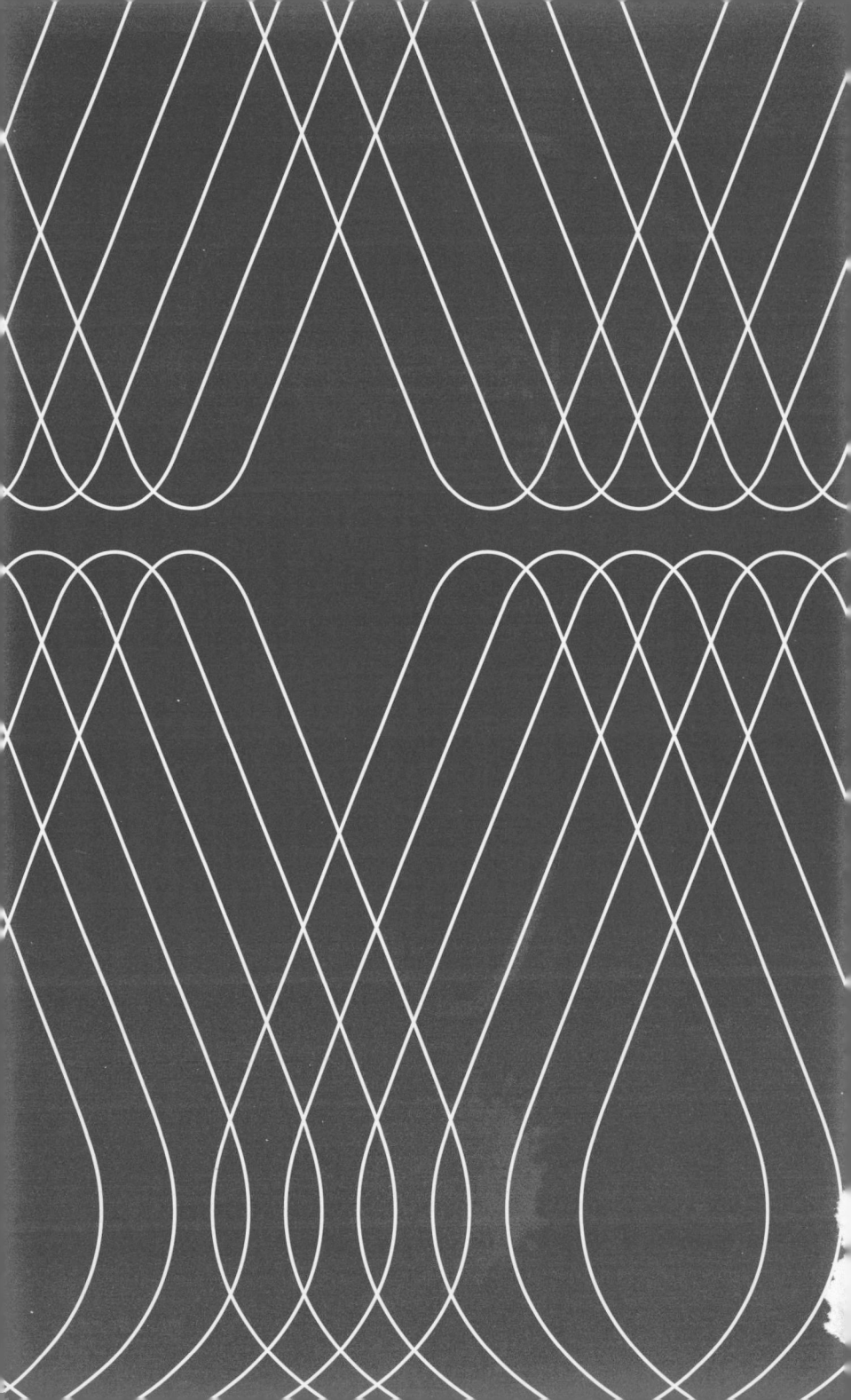

别想生活有答案

改变生活的100个思维大冒险

Philosophische Gedanken
sprünge: Denk Selbst!

[德] 约尔格·贝尔纳迪 —— 著
[德] 琳达·韦尔费尔 —— 绘
俞洁琼 —— 译

后浪

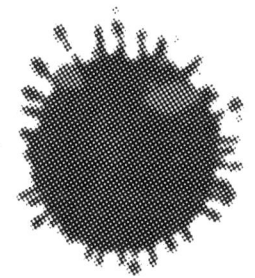

北京联合出版公司
Beijing United Publishing Co.,Ltd.

图书在版编目（CIP）数据

别想生活有答案：改变生活的 100 个思维大冒险 /（德）约尔格·贝尔纳迪著；
（德）琳达·韦尔费尔绘；俞洁琼译. -- 北京：北京联合出版公司，2020.5
ISBN 978-7-5596-3938-7

Ⅰ. ①别… Ⅱ. ①约… ②琳… ③俞… Ⅲ. ①哲学—通俗读物 Ⅳ. ① B-49

中国版本图书馆 CIP 数据核字（2020）第 012185 号

Philosophische Gedankensprünge: Denk Selbst! by Jörg Bernardy
© 2017 Beltz & Gelberg
in the publishing group Beltz–Weinheim Basel
Simplified Chinese edition copyright © 2020 by GINKGO (BEIJING) BOOK CO.,LTD.
本书简体中文版权归属于银杏树下（北京）图书有限责任公司。

别想生活有答案：改变生活的 100 个思维大冒险

著　绘：[德] 约尔格·贝尔纳迪　[德] 琳达·韦尔费尔
译　者：俞洁琼
出版策划：后浪出版公司
出版统筹：吴兴元
编辑统筹：郝明慧
特约编辑：王　凯
责任编辑：徐　鹏
营销推广：ONEBOOK
装帧制造：墨白空间·张　萌

北京联合出版公司出版
（北京市西城区德外大街 83 号楼 9 层　100088）
天津图文方嘉印刷有限公司印刷
字数 95 千字　889 毫米 ×1194 毫米　1/32　5.75 印张
2020 年 5 月第 1 版　2020 年 5 月第 1 次印刷
ISBN 978-7-5596-3938-7
定价：59.80 元

读者服务：reader@hinabook.com 188-1142-1266
投稿服务：onebook@hinabook.com 133-6631-2326
直销服务：buy@hinabook.com 133-6657-3072
网上购：https://hinabook.tmall.com/（天猫官方直营店）
后浪出版咨询（北京）有限责任公司常年法律顾问：北京大成律师事务所　周天晖 copyright@hinabook.com
未经许可，不得以任何方式复制或抄袭本书部分或全部内容
版权所有，侵权必究
本书若有质量问题，请与本公司图书销售中心联系调换。电话：010-64010019

目录

进入思维大冒险　001

我

我真的存在吗？　006
我的肉体和"我"可以分离吗？　008
"我"是大脑的一种功能吗？　010
"我"可以被感知吗？　014

人类

人类是最机智的动物吗？　020
人类的本质是什么？　023
那些你力所能及的事，你都做到了吗？　026

自然

我们的大自然有多"自然"？　034
我们该为大自然的未来负责吗？　038
大自然是可预测的吗？　043

动物

我们为什么要吃动物? 046

动物有道德感吗? 050

应该让尽可能多的人感到快乐吗? 054

友谊

一个人可以有多少朋友? 060

我们生活在一个地球村吗? 063

是什么将我们联系在了一起? 066

不同的文明应该如何和平共处? 068

语言

语言构成我们的现实吗? 074

我们究竟在谈什么? 078

一个词的意思就是它的用途吗? 083

我们能用词汇干什么? 087

爱

我可以自己选择爱谁吗? 092

我们该怎样理解"爱情"? 096

人的性别是与生俱来的吗? 099

什么才是正常的? 103

社会

社会到底是什么? 108

你签了什么契约? 112

人性本善还是人性本恶? 115

我愿意生活在哪种社会中? 118

我和群体,谁更重要? 122

我的工作有何价值? 126

媒体

你的智能手机承载了你多少心智? 132

媒介的形式影响其内容吗? 136

我们的现实基于媒体吗? 140

关注度可以购买吗? 146

个人数据信息值多少钱? 151

意义

我想成为什么样的人? 156

我究竟有多独特? 159

每个人都是艺术家? 163

为什么"幸福"那么难定义? 169

我的生命有意义吗? 173

引文 176

003

进入思维大冒险

那些敢于进入思维大冒险的人经常会提出一些在自己现有状态上难以回答的问题。人一旦开始思考，就极有可能陷入一种问题比答案更多的境地，就连思考也需要勇气。但是创新总是能给我们带来快乐，虽然有时人们会得出一些令自己不舒服的答案。又或者，个体会陷入一种矛盾中，一直被折磨到才思枯竭为止。作为奖励，等待着思考者的将是一个也许一直隐藏至今的思维世界。

自我思考给人带来自由

在思考中与自己正面交锋是每个人都可能经历到的一场

直到想象力的尽头

宇宙的无穷无尽令人无法想象。人们只有借助数学公式才能大概了解它。然而，一个分不清开头和结尾在哪儿的圆圈却是我们完全可以想象的。

紧张刺激的冒险。这本书将挑战你固有的思维方式。你极有可能在读完它之后对自己的人生和现实状态产生一种新的认识。思考能为生活带来新气象:思维不同,即会导致行动不同。没有行动的思考只是空谈,而不带思考的行动则是盲目!这场自我认知的冒险一定会给我们带来些许收获,就算我们只是认识到自己并不太愿意改变现状这一事实。但是我们必须小心:思考是一个不可逆的过程。一个对自己究根问底、改变自己的人,也能进一步对世界造成影响。

「哲学不是什么教育问题,而是一个行动问题。」

——路德维希·维特根斯坦

思考你自己的人生!

这本书从介绍"我"开始,涵盖"自然""动物""同伴""生活的意义"等多个主题。不管是讲述友谊、爱情、

提出一个符合下列条件的问题:

你能立即给出答案。

有多个答案。

别人能比你更好地回答。

你只有在查阅了书籍之后才能回答。

以上哪个问题最使你感兴趣?

语言、社会还是媒体，重点在于揭示一个人同自己、同他人的关系。人生的几个重大问题都将在具体的日常生活情境中得到展现，而你的亲身经历则将帮助你找到这些问题的答案，比如：为了帮助理解什么是公平，我们会在日常家庭生活中搜寻答案。在关于爱情的话题中，我们将首先提出一个简单的问题：一个人是否可以自己选择相爱的人？在关于动物的章节中，每个人都需要思考，我们的饮食习惯究竟怎样影响了我们对动物的认知。在回答"我究竟有多特殊"这个问题时，生活中我们所喜欢的和日常所做的一切都将被呈现出来。对自己生活条件和对社会的深度认知，使我们能更客观地审视自己的现在与未来。

"提问"这一哲学方法其实是一种思维游戏：仿佛我们的想象就是现实。思维游戏常常从一些极端的设想出发，特别是思维中一些显而易见的对立和冲突，将在它所营造出来的世界中得到展现。这样的思维实验对个体而言可能十分简单，也可能很奇特，甚至有可能推动人进一步思考。在进入这些世界时，人们永远无法知道自己将去往哪里，以及该从哪里出来。你将自行决定自己要走多远，这也正好体现了自我认知的自由度。

这本书在各个方面都保持着开放性：读者可以打开任意

> 「独立思考。」
> ——汉娜·阿伦特

一章开始阅读。在思考和再思考的过程中甚至会出现这样的情况：读者在阅读某一章的过程中与自己在另一章中产生的思想不期而遇。大家应该随时做好准备面对这种情况！而且你不应该只是用眼睛看，还要用耳朵听，要动用整个身体和所有感官，因为哲学和自我认知始于躯体的感知。你大可以给自己足够的时间来进行自我提问和回答，因为模仿别人的思想和说话是毫无意义的。

哲学使命

你在寻找哪个问题的答案呢？

我真的存在吗？

显然，我是存在的。我能感觉到自己的存在，尽管细究之下，这种感觉可能并不十分明确。但直觉告诉我，我每时每刻都可以感觉到"我"的存在。然而我就真的那么肯定"我"是存在的吗？我究竟该怎么感知"我"？为什么我能够如此自如地接受这种"自我感知"的存在？我可以在自己的上臂使劲捏一把，随即便能十分准确地感知到"我"是真实存在的。可是我却无法用逻辑思维或是自然科学来验证"我"。"我"是生活中面临的最理所当然却又最神秘莫测的现象。这种人类的"我"其实充满矛盾，简直就是一个悖论。某些哲学家声称，"我"是真实存在的，并且是我们唯一可以确信的；另一些哲学家却认为，"我"只不过是一个幻觉罢了。

为了进一步揭示"我"的真相，我们要对所感知到的一切提出怀疑。这是一个著名的哲学方法，提出它的是法国理性主义代表勒内·笛卡尔。只要我愿意，我就可以首先对所有事物进行怀疑。准确说来，我甚至不能确定这个世界是真实存在的：我的生活极有可能只是我做的一个梦；又或者，我被连接在了一台机器上，眼前的事实全是机器模拟而成的，我所经历的一切都有可能不是真的。那么，我该如何确定"我"是真实存在的呢？

照着以下方法试一试吧。每个人都可以声称所有的事物都是假象，比如你所看到、听到、尝到的一切东西都可能是你感官产生的幻觉。同样，你的理智也可能跟你开了个玩笑，整个世界可能只是一个幻觉。你的感觉、你的理性和你的知觉欺骗了你，使你觉得外在世界仿佛是真实存在的，可是你可以对自己的存在产生怀疑吗？如果这个世界是由各种感官印象构成的，而这些印象悉数消散后，那么这个世界还剩下什么？

只剩下一个事实："我"在怀疑。

> 『我思，故我在。』
> ——勒内·笛卡尔

我的肉体和
"我"可以分离吗？

"我思，故我在。"它也许证明了"我"的存在！只不过这里还存在一些小问题，因为首先它未经论证，就承认了思考着的"我"的存在，并用这尚未被证实的"我思"来推论"我在"。其次，这个句子成立的前提是将"我"和"我的肉体"看作两样不同的东西。哲学家勒内·笛卡尔将它们分别称作精神世界和外延的物质世界。精神就是进行思考的主体，即"我"，它无法被我们具体感知。相反，"我的肉体"则是一个在空间和时间上都能被人具体感知的主体。一边是精神上的认知和"我的思考"，而另一边则是感觉器官的感知与"我的肉体"。这种将思考着的精神和可以感知外在的肉体看作两种本质上截然不同主体的观点，在很长一段时间内对很多人来说都是不无道理的。然而在日常生活中，这种观点却又常常受到质疑：我真的可以相信，我的肉体是不存在的吗？肉体和精神真的可以被分离吗？更重要的是，当我说话、思考或是进行其他动作时，这两者又是怎样结合在一起的呢？直至今日，关于精神和物质的问题仍然没有得到解答，在自然科学领域这仍是一个未解之谜。

"我"是大脑的一种功能吗？

假设你的邻居是一个僵尸！在哲学中，僵尸是一个内心没有主观意识的人。除此之外，僵尸的行为同常人无异——起床、吃饭、上班、追求自己的爱好。唯一的区别在于，僵尸在进行这些活动时并无知觉。他没有丝毫的主观性，也就是说，他没有任何内心活动。那么，你凭什么能够断定，你的邻居不是一个僵尸呢？

在过去几十年中，神经科学试图重新对"我"进行定义。在大脑中，"我"可以得到解释。对于神经科学来说，人类的思考并不是人类精神的产物。思考是诸多分子、神经元和神经细胞共同作用的产物，正是这些物质使我们产生了主观意识。所有思考、愿望和感觉都是我们大脑中运行的程序，就像水无非是许多水分子集合在一起而已。因此，我们所说的"我"也只是我们的大脑产生的一种机能而已。因为这种观点将所有精神活动都归结为一种物质过程，在哲学中人们便将它称为唯物主义。神经科学所定义的"我"完全异于我所认为的和主观上经历的"我"。

一些神经科学家和哲学家认为"我"是心理虚构的产物，是一个对生存而言可有可无的主观构想。它其实只是我们大脑产生的一种无法解释的副作用，对人的生存而言没有任何积极意义。也许，人们在没了情感、感觉和氛围作用的情况下反而能够更好地生活和行动？以此看来，我们究竟是僵尸还是具有主观意识的人类，似乎并没有什么重要差别。

> "思考不仅包括思想的运动，也包括思想的止息状态。"
> ——瓦尔特·本雅明

我不能主宰自己

作为人类，我们只能意识到我们"意识"的一部分，剩下的大部分都处于我们的潜意识中。既然如此，我们又为何笃定我们的意识具有至关重要的作用呢？一些哲学家及科学家声称，潜意识在我们的生活中扮演了一个比我们所认为的更重要的角色，它甚至能够影响我们做出不受自己意识所控制的决定，他们认为潜意识的冲动、愿望和意志极大地影响了我们做出的决定。精神分析学家西格蒙德·弗洛伊德认为，我并不能主宰"我"自己。人类的自我到底受有意识的理智还是潜意识的意志掌控,哲学界已经争论许久。可以肯定的是,许多大脑活动都是在潜意识中进行的。对于自己大脑的大部分活动,我们都不知情。也许,这样更好,否则我们一定会被目不暇接的信息和感受压得喘不过气来。从这方面来说,"我"的范围也远超我所认为和感知的"我"。我的潜意识有多大作用呢?我又是否具备一种潜意识的认知呢?

什么在思考:精神、肉体,还是两者一起作用?

早在古希腊罗马时期,哲学家们便为肉体和精神如何相互作用争执不下。一些人认为,肉体和精神是相互分离的,一部分精神(灵魂)将在人死后得到永生;另一些人则认为,肉体和精神必须结合在一起产生作用,人类的精神由物质构成,并将随着肉体的死亡而消失。这场旷日持久的争论还有一个更为人熟知的名字:身心二元论。它像一根主线一样贯穿哲学史。直至今日,人们仍然无法解释,如果肉体和精神是两个相互分离的实体,那么它们之间是如何联系并起作用的。

思维实验:"番茄红"

你认识玛丽吗?她是色彩专家,通晓一切关于人类颜色认知的物理原理。她能详细向你解释眼睛视网膜及颜色波长的工作原理。然而,至今为止,她都在一个没有色彩的实验室里工作。她只见过黑色、白色和灰色。尽管如此,她仍知道人类会如何描述以及思考颜色。

一天,玛丽离开了她色调单一的实验室。突然之间,她看到了所有那些过去几年只在她的研究中出现过的颜色:真正的颜色!如果玛丽现在看到一个番茄,那么会出现下列两种情况:

1 她只有在看到一个成熟番茄时才能体会什么是"番茄红"。尽管她早就知道"番茄红"是什么,然而此刻她才能够真正感知和理解这种番茄的红色。

2 因为她早已知道一个红色的成熟番茄所具备的所有细节,所以这种看到一个成熟番茄的视觉经历并不能为她增添什么新的体验。

你认为,哪一个结论是正确的?玛丽学到了什么新东西吗?还是说,她的主观经历是多余的?

"我"可以被感知吗？

当我们站在另一个人面前时，我们不会将他视为一个肉体和精神分离的人，也不会将他视为一个没有心理活动的僵尸。在会面过程中，对方并不是一个躲在脑袋里的灵魂，而是一个被我们感知的活生生的人。

阿尔伯特·爱因斯坦曾经说过，我们不能用提问的思维来解决问题。让我们把问题重新指向"我"，这次我们从肉体和知觉开始。不同于"我"，我可以看见、感知和感受我的肉体：我怎么闻，怎么听，怎么感知事物？提出这些问题的人是在利用感官通过自己的肉体接近自己的"我"。德国哲学家赫尔穆特·普莱斯纳（Helmuth Plessner）认为，人类的肉体具有双重特性：一个人有一副肉体，同时也是一副肉体。

我们的肉体不像一个包或是一张桌子，能够被我们从外面轻易地看清。在日常生活中，我们无法看到也无法意识到自己的大部分肉体。你是否尝试过在看别的东西时看清自己?

肉体有记忆吗?

谁要是忘了自己银行卡的密码,那他可以试着站在银行自动取款机前盯着数字键盘看。因为我们对于密码的记忆与我们肉体在空间中的运动和视觉感官联系在一起,所以当我们模拟这一动作时,我们就会重新想起那些数字的先后顺序。因此,有人将之称为肉体的运动记忆——这便是肉体和精神联合作用的一个例子。

我们的眼睛在我们执行"看"这一动作时对我们保持不可见,这就是说,我们在看其他事物时并不能看到自己的眼睛。(除非我们对着镜子看,可是那样的话,我们看到的也只是眼睛在镜中形成的镜像!)在日常生活中,我们下意识地完成了看、听、走等动作。这些动作的自动性是拥有肉体的人所具备的典型特征。人类的肉体能够记住所经历的事物,对特定的流程进行存储、记忆,并使之成为下意识的动

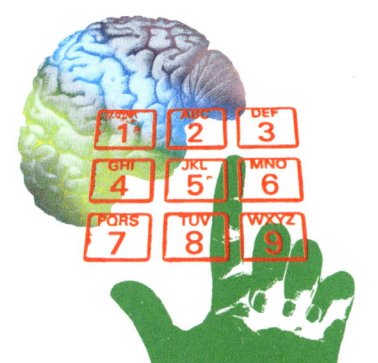

作。游泳和骑自行车就是两个例子，我们一旦学会了这两个动作，就会把它们铭记在身体中，一生都可以随时调取记忆，重复这一动作。

双重触感

向你的一个朋友伸出你的一只手。将你们的两只手交叉起来，以使双方的手指外侧互相接触彼此，这样你们的两只手就紧紧交握在一起了。

现在感受你手上的热度。将你的注意力转移到你触碰到对方手的地方，你能感受到对方手的温度吗？现在你正在体验着双重触感。

你触摸着别人的同时也感受到了别人对你的触摸。在这种双重触感中，你很难区分内在和外在、主动和被动的触觉。

你的身体是什么样子的?

以关键词的形式列一个清单:说到"身体"你会想到什么?你会将"身体"和什么联系在一起?

描述一下你在想象自己身体时眼前浮现出的样子!现在描述一下当你这样做时,你身体的感觉。你又能够有意识地保持这种自我感觉多长时间呢?

每个人都有特定的自我感觉

我们日常生活中所说的"身体"有两层意思:第一层意思,它是人们可以用来观察和改造的物体(比如当人剪头发的时候);第二层意思,一个人就是一具可从内部感受的身体。某些现象学家将这第二层意思的"身体"称作"肉体"和"肉体经验",在这里肉体是一种个人感觉,一种对于自己躯体的感觉和存在于躯体内的感觉,而通常一个人无法准确地向他人描述这种感觉。

在感觉肉体的过程中,人们可以将自己视作一个具有感觉和行动能力的人。我站在哪里?我将怎样经历自己在具体空间中的看、站、走等行为?我该怎样从自己站立的地方感知与我同在一个空间里的物体?"我"是否存在,在这里完全没有关系。在内心经历中取而代之的是另一个问题,即这个"我"是如何感受的。

你现在在哪儿?在沙发上?或者你正在驾驶一辆公交车?假设你坐在一辆公交车上,你能看到其他乘客、车里的情况,以及你正路过的窗外景色。你的每一种感知都伴随着一个所谓的自我感觉。你的自我感觉包含了你在这个空间内的坐姿、手脚的摆放状态,以及在这个空间内移动的感受。自我感觉是对身体状态的一种感知,它将影响你观察周围环境的视角。大多数情况下,我们能轻易地将自我感觉扩展到其他物体和空间中。在乘公交车的过程中,车内空间便成为我们的一部分。对于这辆车同别的小轿车及路边的间距,距离下一个红绿灯及下一站还有多远,我们都有感觉。

皮肤是我们身体的界限吗?

日常生活中我们有时会用"气氛"或是"氛围"来形容我们在某处的经历。想象一下雷雨前的空气,它闷热到令人窒息;或者想象一下考试时教室里的寂静,气氛怎样凸显?

是什么让你感觉到了雷雨将至和教室里正进行着的考试?

人类是最机智的动物吗？

从进化角度看，有两样东西使人类变得出色：复杂的大脑，以及人类大多数情况下并未完全开发出大脑潜力的这一事实。科学家指出，在大约 300 万年前，人类身上发生了一件不同寻常的事：我们祖先的大脑发育速度较他们的身体增长速度快了许多。就人类现在所知，这种突然间发生的大脑发育只发生在我们人类和海豚身上。为什么大脑的发育速度会突然超过身体？科学家们至今仍然无法给出一个无懈可击的答案。难道人类和海豚令人惊异的脑容量完全是一个偶然事件？无论如何，这一增长过程是人类具有卓越智力的原因。人类智力的发展是进化史上一个复杂的过程，受许多不同的因素和条件影响。

在美国发展心理学家迈克尔·托马塞洛（Michael Tomasello）看来，理解人类的关键在于理解人类的

> 「人是万物的尺度。」
> ——普罗泰戈拉

交际行为而非大脑。在人类交际行为发展的过程中，以下几方面因素起到了至关重要的作用。

1. 人类具有强烈的交际意识

人类智力的特殊性尤其体现在高度发达的社会智力上，这使一个人与他人之间有了联系和合作的可能。出现这种情况最重要的前提条件便是共同的目标。也就是说，人与人之间可以共同制定意向和目标。

2. 人类极具交际能力

人类进化史上最重要的一步是符号交际，它通过记号和指示来进行。手势和哑语是人类交际最早的形式。那时人们在语言尚未发展的情况下便已能互相理解。

3. 人类是发明家和思想家

原始工具的发明、制造和使用是人类进化的另一座里程碑，它激发了人类的空间思维、逻辑思维和象征思维，同时也加快了人类语言的发展进程。

结果是，人类拥有了超乎寻常的语言天赋。我们所经历的从口语到书面语的语言多样性的发展，既有符号交际也有口语交际，它是我们祖先合作和交际成功的结果。

人类天性的最佳表述:什么是人?

1 人是一种理性动物!古希腊人早已做出了人类因为具有思考能力而不同于其他动物的论断。然而有证据显示,其他的一些动物也能进行思考。

2 人究其本质是一种依赖交际和情感支持的社会动物,他们群居在具有政治开放性的国家中。亚里士多德据此将人称为政治动物:人是群居动物!

3 19世纪,英国自然科学家查尔斯·达尔文的《物种起源》在英国一经出版便在批评者中引起恐慌。这个提出进化论的人居然声称人类是由猴子进化而来的,这在当时简直骇人听闻!

4 弗里德里希·尼采指出了人类一个臭名昭著的天性——追求权力的意志!一个受人追捧的与之对应的假设便是,人类在本质上就是利己主义者。英国进化生物学家理查德·道金斯甚至宣称在人类身上找到了利己主义基因。

5 人类是自我创造的产物!法国哲学家让-保罗·萨特提出了一个极具代表性的论断:人类本身并不具有特定的品质,必须进行自我创造。

人类的本质是什么？

本质先于存在——这个从拆信刀中得出的结论来自法国哲学家萨特。在他看来，事物的功效和用途决定了它的本质。然而这一定律也适用于人类吗？作为法国存在主义的奠基人，萨特认为人类并不具有与生俱来的计划和目的。人类不像拆信刀，不是为了达到某一目的而被创造出来的。一个人在出生时并不具有一个特定的目的，也不具有某种原始的本质，因此本质与存在的关系在人类身上正好倒了过来：存在先于本质！

"人类是自我创造的产物"，萨特如是说。在他的存在主义理论中，人类是一种不具备本质的生物。他可以像变色龙一样进行多重变化。每个人都可以对自己以及自己的本质进行定义。然而，他在享有这种自由度的同时，又必须为自己和自己的行为负责。每个人都须为自己的人生寻找目标，也为自己的决定负责。

拆信刀的本质

> 设想一下拆信刀是怎么发明的。肯定有人产生了一个需要生产这样一个工具的念头。也许在发明时,他就已经想好了这个工具的具体样式:必须锋利到可以裁开纸张,同时又不能太过锋利而使人受伤。它必须由适当的材料制成,形状也得合适。正如其他所有工具一样,拆信刀的本质是由它的用途所决定的。在人们不清楚它可被用作何用之前,拆信刀是不会被人类发明出来的。所以说,决定拆信刀用途的本质要先于具体的拆信刀实物存在。

这是对人类的过分要求吗?一个人可以寻找也必须寻找人生的意义和目的吗?也许人类只是很健忘,在时间的流逝中渐渐地丢失了自己的本质。德国存在主义哲学家马丁·海德格尔于20世纪论证了人类具有"存在之被遗忘状态"(Seinsvergessenheit),它使人类远离了自己存在的本真状态。人类失去了对于自己真实本质的敏锐嗅觉,而将时间花在各种各样的事情中,尤其喜欢鼓捣科技和其他玩具。人类的原始本质究竟是什么呢?

人类是变色龙吗?

一个物体的本质是由它的功效和用途决定的吗?

如果我只将指甲刀用来拆信,那么我对于指甲刀的使用是否就使它成为一把拆信刀?

人类在他的生命中真的没有目的性吗?

你可以自由选择想成为怎样一个人吗?

那些你力所能及的事，你都做到了吗？

美国哲学家玛莎·C. 努斯鲍姆（Martha C. Nussbaum）同其他许多哲学家一样，认为有必要定义人类的本质。首先，这基于一个具有现实意义的原因：世界上各类政府、机构和学者都想知道自己国家人民的生活水平如何。可是"生活水平"究竟指什么？什么样的生活才可以被称为宜居生活？在回答这个问题前，我们首先需要对人类的天性做出定义。

因为在研究生活质量时，我们不仅关心物质条件和财政状况。宜居生活还包括人类在这种生活中所具备的能力、机会和可能性。因此，努斯鲍姆列出了10条她认为一个人在宜居生活中应该具备的基本能力。她将这些能力以一种具有普遍性的话语表述出来，以使之可以适用于具有不同价值体系与内容的文化和社会。

1. 生活质量要求一个人的生命不会提前结束，一个人的生命应该能够延续到他不再具有活着的意义时。

2. 可以依靠适当的营养保持健康的状态，有一个适合的居所，性需求能够得到满足。同样重要的是具备从一个地方移动到另一个地方的可能性和自由度。

3. 可以避免不必要的疼痛，可以有和谐美妙的经历。

4. 每个人都可以使用自己的五官，发挥自己的想象力，形成自己的思考和判断力。

5. 经历爱、悲伤、欲望和感恩，能够将自己的感觉表述出来。能够同自己以外的任何人和物体发生关系。具备爱的能力，回报关爱自己的人。

6. 自己定义人生，做出对生活有益的决定，有能力对自己的生活规划做出反思。

7. 与他人共同生活、团结互助，体验同家人及其他社会成员间的丰富多样的关系。

8. 同大自然接触，跟植物和动物建立联系。

9. 能够得到休息，会笑、会玩，有能力获得愉悦，有业余生活。

10. 能够不受外界压迫过自己的生活，以自己选择的方式生活。

能力取向（Befähigungsansatz）能为我们带来什么？

对人类基本能力的定义很重要，它能够指导人们制定出满足需求的政策。科学界因此将之称为"能力取向"。例如，它可以为人类发展指数（HDI, Human Development Index）提供基本依据，这是联合国开发计划署发布的用以衡量各国社会经济发展程度的一项标准。在很长一段时间里，科学家们在衡量人类生活质量时仅以收入、物质和资源情况作为参照标准。能力取向将我们的注意力转移到了人类美好生活必须具备的基本能力，以及实现这些能力的机会上。这种方法可以让我们对全人类的生活质量进行分析，不管他们来自哪个文化圈。社会中所形成的伦理价值和文化习惯，应该使生活在这个社会中的每一个人都能发挥自己的基本能力。

价值观都具有普遍适用性吗？

哲学家努斯鲍姆认为，在对人类历史进行一番细微观察后，我们可以给人类的本质赋予一个具有普遍适用性的定义。这种观点被称为"本质主义"（Essenzialismus），抑或是"普适主义"（Universalismus），因为承认它的前提，是将价值观和权利都视为普适通用。"人权"是最好的例子，它适用于世界上的每个角落,并且每时每刻有效。它以人生来便具有的基本能力作为前提,认为这是所有人类都应享有的权利。对价值观普适通用性的要求十分重要,它能够使世界上的实际行动和政治手段都有理可循。本质主义的推崇者担心,如果所有的事物都具有相对性,那么所有事物都可以得到辩护——这其中也包括对人权的践踏。面对女性在某个国家遭到侵害的事实,我们难道应该置之不理吗?又或者任凭平民受到战争的迫害,连最基本的人权都保证不了?对某一文化中社会结构的抨击和法律制度的改变应该基于合理的理由,在理想状态下这种理由应具有普适性。

不同的文化,不同的价值观

哲学界一直在"本质主义""普适主义"与"相对主义"(Relativismus)间争论不下。本质主义者声称,存在适用于这个世界所有地区,并且在任意时刻都具有适用性的普适价值观;相对主义者则认为价值观都是相对而言的,因为它们都会受到不同文化、历史经验、环境和社会的影响。让我们来举例说明:友谊是一个对所有人都适用的价值观吗?那么性需求的满足和获得健康的权利呢?所有人对于这两样事物都具有相同的权利吗?

除此之外，相对主义者还指出，这个世界上存在着太多不同的价值观和能力，我们无法将它们一一实现。此外，不同的价值观极有可能让人陷入矛盾的境地。如果我们在一辆公交车上给一个老人让座，我们的行为可以被称为"礼貌"；可是另一方面，我们的行为却将老人置于一种脆弱的状态，这也许完全不符合他的身体状况，还会对他造成内心的伤害。我们究竟该对长者表示尊重，还是注意不要伤害他人的自尊？我们陷入了矛盾中。难道不是每个人都具有不同的需求和能力吗？影响个人的背后因素，不正是许多不尽相同的价值取向吗？

价值观决定了我们的生活，也决定了他人的生活

当我们觉得生活对自己而言不再有意义的时候，我们可以自行结束生命吗？

对于监狱里的服刑犯，我们该怎样限定他们行动、获得性满足，以及享有单人牢房的权利？

那些遭到家暴的孩子需要什么帮助？

每个人都必须学习不同的语言，了解不同的文化，以使自己可以在不同事物间做出比较吗？

价值观、需求和能力是否是主观的，是文化的核心问题之一。相对主义者认为，价值观、需求和能力不仅是主观的，而且是相对的，它们受到一个文化中处于统治地位的道德价值观和习惯的影响。文化习惯和道德价值观之间的关系十分复杂，并且在不同文化中呈现出不同的状态。比如在某些伊斯兰国家，妇女们被要求在公共场合蒙上头巾，这已经是她们日常生活中的常态。然而对于该将头巾完全还是部分蒙住脸这一细节，不同地区则有不同的习惯要求，这同时也受到个人对道德价值观有不同理解的影响。在我们所生活的国家，妇女们蒙脸并不是一个常见的现象，因为我们对于蒙面这一道德价值观要求无法认同。在对待蒙面这一文化现象时，哪一点对我们而言更重要：人类基本权利的适用性？还是对他种文化道德价值体系的尊重？蒙面这一行为是否违背了人类的某项基本能力？男女平等这一准则在不同文化和道德实践中都具有普适性吗？

有益的"毒品",有害的毒品:
哪一条论据适用于哪一种价值观?

烟和酒是被我们的社会普遍认为不健康的事物。尽管如此,在达到一定年龄后,我们仍然可以合法购买它们并且自己决定是否使用。在这里,一个人的健康、自由和责任处于怎样的一个关系中呢?谁能决定某一种价值比另一种更重要?饮酒会改变一个人的性格,吸食毒品,比如大麻,也会改变这个人的性格,为什么前者得到辩护和支持,而后者却遭到反对?

我们的大自然有多"自然"?

一杯草莓味酸奶里有多少草莓?一杯"水果酸奶"必须包含至少 6% 的果肉。可是,通常情况下,这一微小的水果比例并不能为整杯酸奶带来浓郁的草莓香味。因此,许多食品中都加入了人造香精。无论是在早餐桌上,还是在公园的散步中,我们面对的都是被改造和培育过的自然及自然产品。我们改直河流,在河上面修筑水坝,将树林和生态区围起来进行保护,还建设了人工湖、田地和公园。

我们对自然的理解在很大程度上取决于我们对人类的理解。一方面,人类本身是自然的,是大自然的产物;另一方面,人类又是一种可以创造自己天性和文明的生物。亚里士多德将这种意义上的人类德性称为人类的"第二天性"。因此人类具有改变自然和环境的独特性。

大自然具有什么价值？

同大自然的关系将直接影响到人类自己。传统观点认为，大自然应根据其对人类的功用而被评估并得到相应的保护。这种观点将人类放在评估系统的中心位置，也因此被称为"人类中心主义"（Anthropozentrismus）。人类占据了首要位置，因为大自然的价值将依据它能为人类带来的功效而进行评判。也正因如此，过去经常将人类称为大自然的主人或是主宰者。环境和自然保护只是为了保持人类的继续繁衍。

大自然在你的生活中扮演了怎样的角色？

你是在农村还是在城市里长大的？

你在孩童时期是否遇到过什么同大自然有关的经历，这个经历给你留下了很深刻的印象吗？

在"人类中心主义"之外,也不乏其他观点。比如对于"痛苦中心主义"(Pathozentrismus)而言,重要的是大自然受到的损害,以及人类对自然界产生的同情。所有让我们感到难过的事物都值得引起我们的同情,继而得到我们的保护。"生命中心主义"(Biozentrismus)则以"大自然是充满活力的"这一事实为前提,认为不只受到损害的生物,每一个拥有生命的生物都应该得到保护。所有生物都有生的意愿,也因此理应得到我们的保护。这一点也为我们进一步提出道德要求提供了论据,即所有的生物都有生的权利,不应被任意或是无来由地摧毁。同所有生物一样,大自然也有自己的价值所在,不应该将它同人类的利益联系在一起。

那么我们该怎么看待植物呢?树也会感到痛苦吗?还是说仅凭它们是活着的这一点,我们就该好好保护它们?我们该怎么同情气候、大海、山峰和地球大气层?

一种体现整体观念的方法是将大自然同人类绑定在一起,把它们作为一个具有生命力的整体机制进行看待。它不仅包含单独的生物物种,更重要的是包含了充满生命气息的和无人居住的大自然。人类被视作自然界的直接产物,人类同自然的紧密联系被着重强调。由于人类是整体的一部分,所以他们在进行思考和行动时也必须具有大局观:在一个充满活力的世界生命体中,所有事物都是息息相关的。

什么是"自然的"?

我们把"自然的"与"人工的""人造的"进行区分,仿佛它们是本质完全不同的东西。然而,两者之间的界限却是模糊的。那些被我们视作"自然的"的事物,很多情况下已经被人为改动过了。我们认为一些事物是"自然的",只是基于我们自己的习惯。

比如狗这种动物其实是从户外自由生活的狼演变而来的,因为受到了人类的驯化而变成了今日的宠物和种畜。又比如治疗疼痛的药品阿司匹林虽然是一种化学制药,但是起作用的成分乙酰水杨酸却是从柳树皮中提取的一种物质。

我们该为大自然的未来负责吗？

无论人们赋予大自然何种价值，光是从利己主义的角度出发，人们就应该保护大自然。人类若是想长久生存下去，就必须对大自然负责。不仅在当代要这样做，在未来也一样。不仅我们想享受一个纯净的大自然，我们的后代也希望拥有一个美好的生活。从这种意义上来说，为了维持自己的生存，我们也必须做到不给自然造成不可逆的破坏，比如排放无法循环使用的核废料，这些垃圾就算在几百年后也会给自然造成危害。

保护自然资源只是我们对自然负责的一个方面。由于承

来自大自然

列出所有你在日常生活中会遇到的来自大自然的东西。

担责任和保护环境都需要以我们能意识到问题和具有特定的知识为前提，所以对自然负责也包括对我们的后代进行教育。此外，对自然负责也是一项政治任务，国家之间应该制定共同的目标，相互支持。对于这一点，恐怕大部分哲学家与许多普通人都同意。可是尽管如此，我们还是在做着危害人类生存和地球环境的事情。这是怎么回事呢？

是什么使处理环境问题变得如此艰难？

所有人都只是站在一边看着，没有人真的做些什么。科学界将这种情况称为"旁观者效应"（Zuschauer-Effekt）。越多人意识到问题的存在，并从某种意义上来说成为问题的关注者，就越有可能出现没有人介入问题的情况，最后问题被继续容忍下去甚至被忽视。这种"旁观者效应"具体可体现在发生重大车祸及暴力事件的公共场合下，在这些情况中，围观的人群变成了只看不做的被动

『像山一样思考。』
——阿尔多·李奥帕德

旁观者。这是一个充满矛盾的现象，因为一个理智的人一定会认为出现的应是相反情况：越多人知道或是看到一个问题，就越有可能有人出手相助、寻求解答。在遇到一些简单或者容易处理的问题时，这一看法有时确实是对的。然而，在遇到复杂的问题时，尤其是这些问题还带有巨大危险或是不可见的副作用时，比如环境保护问题，"旁观者效应"就以极大概率显现出来了。每个人都能从日常生活中看到这样的例子：也许当听到热带雨林被人不负责任地砍伐时，你也曾愤怒不已，你是怎么表达自己的这种感觉的呢？你又采取了什么行动呢？

使处理环境问题难上加难的是，环境破坏的风险对于很多普通人来说是在日常生活中不可见的，其影响也不会立即出现。比如对大海的过度捕捞、冰盖的融化，以及热带雨林的砍伐。虽然这些事情发生在当下，然而它们所产生的长期影响却在未来才得以显现。问题就在于热带雨林和后代的生活对于当下的我们来说都是那么的遥远，这种时间和空间上的距离感使得人们无法将对自然问题的认知实施到行动上。

像山一样思考

对于许多环境保护主义者和一些哲学家而言，重要的是真正意识到环境问题，以及对这些问题进行评判。在这里，我们要对"表层生态学"（Oberflächen-Ökologie）和"深层生态学"（Tiefen-Ökologie）进行区分。表层生态学关注具体的环境问题，从外部对其进行干预，比如人们试图利用科技对环境污染进行治理，对空气和水进行整治，均匀分布污染设施。深层生态学提出了一种全新的评价方法，并试图改变人类对大自然的态度。从深层生态学的角度来看，在评价环境问题时，我们不应只关注人类的生活水平和健康状况将受到多大影响，而应从大局出发，考虑所有生物的生活环境以及整个地球将受到的影响。深层生态学的创立者、挪威哲学家阿恩·纳斯（Arne Næss）认为，每个人都应该思考并了解自己的行为会对环境造成何种影响。

与大自然和谐共处，或者说号召公民不服从？

> "我在大自然里以奇异的自由姿态走来走去，成为它的一部分。我只穿衬衫，沿着硬石的湖岸走，天气虽然阴沉而且刮风，却没有什么事能引起我的注意力，此时的我感觉到自己超乎寻常的强大。牛蛙鸣叫，预示着夜晚的到来，夜鹰的歌声乘着吹起涟漪的风从湖上传来。摇曳的赤杨和白杨激起我的共鸣，我仿佛已经不能呼吸了。"
>
> ——亨利·戴维·梭罗

041

美国哲学家、环保主义者梭罗在19世纪进行了一次著名的亲身试验：他独自一人搬入树林，试图验证一个人是否真的可以远离一切人类文明生活在大自然中。大自然的自由和原始的野性在梭罗看来必须得到保护。同时，他也将自己的实验理解为对社会生活不公的抗议。1849年，他在一篇短文中号召公民不服从，要求赋予公民可以从个人良知角度拒绝国家法律的权利。他的这一思想极大地影响了印度的反抗战士——"圣雄"甘地，后者于20世纪在印度发起了反对种族歧视的抗议运动并致力于争取国家独立。

大自然是可预测的吗？

从传统角度上来说，大自然的可控性即代表了它是可以被预测和计算的，也就是说我们可以研究和运用自然法则。对于重力的发现者、物理学家艾萨克·牛顿而言，自然是一个数学问题。自然中发生的一切都非偶然，每一样东西、每一种现象、每一种运动都有其成因。哲学家们将之称为因果性，每一个结果都有因可循，而每一种动因都会产生一个结果。自然科学领域的这种因果原则早在古希腊时期就已经被哲学家亚里士多德发现。他认为，每一种处于整体中的生物都自带一个特定的用途。

在现代社会中，大自然越来越被视为一个充满事实真相的世界。历史学家和社会学家将之称作世界的去神秘化（祛魅），越来越多的自然现象得到了解释。此外，研究的发现和技术的发展也使我们获得了大量的自然资源。大自然为人类及其文化提供了必需的原料。尽管如此，对于为什么会有生命出现这个问题，至今仍然无人能够解答。其中主要的阻碍因素在于生命是一个闭合的系统，无法分辨源头在哪儿——最早出现的是什么？是因还是果？是鸡还是蛋？

关于未来人性的思维实验

假设你的父母在你出生前就决定了你的基因组合。他们进行了许多测试，最开始只是为了排除你患病和残疾的可能性，他们这样做，是想为你提供一个美好而健康的生活。然而，在这个过程中，他们临时起意，也决定了你的长相、性别与天赋。他们希望你是一个意志坚强的女性，金黄色头发，擅长数学，但同时也会成为一个出色的舞蹈家。你将会成为一个异性恋者，同时也具有双性恋的倾向，他们这样选择的原因，是不希望你在性生活上受制于男性。

你的父母从未跟你讲过这些，至今为止你都认为你的基因只是从你父母那儿继承来的一种偶然组合。在你年满16岁时，你偶然翻开了家里的一个抽屉，看到了你的出生证件，里面详细记载了所有的信息，包括父母在你出生前为你所做的各项决定。

现在你知道了：你并不是大自然偶然的产物，而是你父母精心安排的一个依照他们制定的标准出生的孩子。原来他们不仅替你取了名字。这会给你带来什么改变？如果你其实并不想有如此坚强的意志，也不喜欢自己眼睛的颜色？你无法将这一切怪在大自然身上，但是你就不能要求做出这些决定的父母向你做些解释吗？

我们为什么要吃动物？

你是否考虑过这个问题：当你养的猫狗盯着你看时，它们在想些什么？或者说它们是否具有和你一样的感觉？作为人类，你和动物之间存在着怎样的联系，又是什么使你区别于一般动物？

从生物学角度上看，人类和动物十分相似。生物学家和其他自然科学家已经得出了动物也能思考且具备意识的结论，但是每种动物都不尽相同。在这里我们要区分不同的意识种类，比如黑猩猩就具有一种高度发达的意识能力。它们有记忆力，可以记起以前发生的事情，也具有学习新事物的能力。从另一方面来说，这也意味着它们具有抽象思考的能力，能够将过去的经历同当下的实际联系起来，黑猩猩能够从过去已有的经验中推断出未来会发生的状况并依此采取相应的行动。其他动物，比如乌鸦、鹦鹉和鸽子也能对情况进行思考，在特定的环境下做出行为的改变。当它们想要从一个关着的盒子或是笼子里得到食物时，它们就会创造出一些技巧或是伎俩来帮助自己实现目标。但是这并不意味着这些

"我们之所以看到动物时会感到心情愉悦,主要是因为我们在动物身上看到了单纯化了的自己。"
——亚瑟·叔本华

动物也能像人类一样具备对时间、过去和未来进行表达的语言能力。此外,科学研究也已证明,动物具有同理心,比如猴子之间就具备互相体谅的能力。

所有这些自然科学结论告诉我们,人类和动物之间只存在非常小的区别。既然我们和动物之间如此相像,为什么我们一方面要吃动物,另一方面又要保护它们呢?

我们在餐桌上明白动物是什么

几乎所有人都是吃着肉长大的。此外,我们也在图画书上、动物园里、猎场和围栏中认识它们。对于我们而言,吃动物与看着动物被关在笼子里是再平常不过的事情了。然而,我们同样也觉得养宠物是一件很平常的事情,我们将一些动物视为我们喜爱的生物，愿意和它们一起生活。这两种看起来互相矛盾的生活经历很好地解释了为什么我们会一边吃动物，一边却又致力于动物保护。

随着时间的流逝，这些经历变成了我们的习惯，影响了我们的思考。我们的饮食习惯主要受我们的日常生活经历而非某些道德准则的影响，比如"你不应该吃动物！"。人类和动物之间的区别对于我们而言是不言而喻的，就像我们想当然觉得人类自己是不可能作为盘中餐摆上桌面的。人们在餐桌上吃动物，以此了解动物究竟是什么。听起来很疯狂，不是吗？

某些区别的存在对于我们而言是不言而喻的

在谈论或是思考动物时，我们会不自觉地想到那些吃动物和养宠物的经历。美国哲学家科拉·戴蒙德（Cora Diamond）认为，我们对人类和动物间的区别有如此根深蒂固的认识，以致当我们试图对人类和动物进行积极思考时，这些已有的见解会极大地影响我们。

食肉动物?

> 我们吃动物,是因为它们同我们不一样,还是因为它们尝起来味道不错,同时能为我们提供重要的营养成分?如果我们能从别的地方获得这些营养,那么我们是不是就可以不吃肉了?

人类既是一种自然生物,也是一种社会动物。在生物学和自然科学中都无法找到人类和类人猿之间有何根本性的区别,因此我们认为两者之间的区别应该体现在社会性上。人类的社会生活即为他对自己生活的构建。一个人通过获得教育和学习语言来掌握同其他人一起生活的规律,所有这些规律加在一起便是我们所说的人类的社会经验。可是,人类的群居生活同动物的群居生活又有何差别呢?

动物有道德感吗？

我们眼看着一只苍蝇飞进装着水的杯子，面临着溺水的危险。这时的它是否期待着我们去解救它？反过来想，如果我们自己在湖里游泳时抽筋了，恐怕苍蝇不会来拯救快要溺水的我们！这时，如果正好有另一个人经过，他也许就会向我们伸出援助之手。如果有第二只苍蝇看到了它的同伴身陷绝境，它会飞过去救它吗？

动物对道德没有期待，同时也没有义务按照道德要求行事，这点无论在它们与同类的相处中，还是在它们同人类的共处中都一样。也正因如此，我们不能以道德来要求动物，这便是动物和人类的一大区别。一个人在面对其他人类同伴时，既要受到道德的束缚，又有道德上的期待。美国哲学家科拉·戴蒙德指出，人类的社会经验同他们的道德准则是密不可分的。生命和道义交织在一起。区分人类和动物的，正是前者怀有道德感与依此行事的能力。

不同于动物,人类可以在一定程度上自行决定自己的生活,以及奉行何种道德准则。他能决定自己在同他人的共同生活中要遵守何种规则,而动物却不能。让我们以"亲吻他人"来举例:你刚刚和自己喜欢的人坠入爱河,此时你还会去亲吻别人吗?你会期待对方也不去亲吻别人吗?是否可以亲吻别人是由我们为共同生活制定的道德准则决定的。只有人类才会思考是否可以亲吻他人这个问题,也只有人类才会向自己的伴侣提出不许亲吻他人的道德约束。虽然动物的生活中也存在着某些规则,但是它们不具备道德上的义务,而我们也无法将亲吻别的动物视作动物的习性。

估算功用,给出(你的)幸福感预测

五个人的生命比一个人的生命更有价值吗?用动物进行医学实验比用动物进行化妆品实验更具重要性吗?如果答案是肯定的,请说出具体的原因。

你能给出一个合理的解释,说明为什么你家养的宠物狗比那些街上的流浪狗活得更有价值吗?

你凭什么觉得动物园的猴子生活得没有野外的猴子好?

动物同我们一样忍受痛苦

道德个人主义认为，人类和动物之间的区别并不重要，重要的是两者之间共有的特征。关键问题不在于动物是否可以依据道德行动或者能否思考，而在于它们是否会遭受痛苦。道德个人主义的支持者指责人类将动物从他们的道德共同体中驱除出去，偏袒自己和歧视其他所有动物的行为。

最著名的道德个人主义代表人物是澳大利亚哲学家彼得·辛格（Peter Singer）。他认为，动物同我们人类一样具有感知能力，既然如此，我们也应该平等对待它们。那些对此提出质疑、认为动物在感官能力上不如人类的人也应该意识到，人类中也存在个体感官受限的情况，比如失明的人、老年人、幼童，以及患痴呆症的病人。动物忍受痛苦的能力不仅将它们置于同我们平等的地位，而且也促使我们在道义上采取行动。

动物忍受痛苦的能力是我们处理与动物的关系时要明确考虑到的一点：我们从动物身上获得营养物质，但这不能成为让它们受苦的借口——只要动物不遭受痛苦，那么我们就可以将其拿来为我们所用。一些哲学家认为，动物还具有某些特定的需求和愿望，这其中包括延续生命的需求和不愿被屠宰及拔毛的愿望。在这点上，人类和动物陷入了利益冲突中。究竟谁的需求更为重要?让人类吃上肉,还是让动物拥有一个幸福的生活?

所有的动物都一样吗?

设想一种动物……
它已经灭绝了。
它同人类最相似。
它正面临着绝种。
你永远都不会吃它。
它同人类最不相似。
你很喜欢吃它。

应该让尽可能多的人感到快乐吗？

在试图为宰杀动物寻找一个合理的解释时，没有人能跳过这个问题：我们该怎样对我们的行为做出评价。怎样的行为才能被称作是符合伦理要求的？我们又该怎样认定一个行为符合或是违背道义？我们该从这个行为引起的结果还是从这个行为本身进行判断？是否存在着某个目的、准则或是标准好让我们规范自己的行为？

在功利主义的伦理要求中，人们依据造成的结果来评判人类的行为。在这里，他们只关注这些行为将起到什么作用。功利主义者将这种行为带来的所有积极作用与负面影响整合在一起，结论中既包括可见的也包括不可见的结果。

原则上来说，人类生命中几乎每一个重大决定都是权衡利弊后的结果。以我们的职业和学业选择为例：谁都知道选择一个正确的职业对我们的生活而言非常重要，那么我们究竟要选择一个可以使我们感到快乐的，还是能让我们挣到很多钱的职业？我更愿意为一个公益机构还是一家跨国银行工作？我是否要考虑自己的职业对全人类的贡献程度，还是我应该首先考虑自己的利益？职业选择的过程是我们在对自我喜好，以及做出这个决定可能会出现的可见和不可见的结果之间进行权衡。这个选择是否会让我感到满意，我又是否能获得成功，这些我都无法预测。同样，我也无法提前知道我的职业和学业选择，究竟会对自己和他人的生活带来何种积极和消极的影响。

实际生活中难以决定的事情，在理论中可以通过十分简单的原则得到解答。功利主义者通过一个行为产生的结果来衡量它的道德价值，并据此计算它的功用，目标是尽可能地发挥它对所有人的最大功效。其中关键在于，这个行为是否可以为我们增添幸福，同时让我们避免不幸。这种对于幸福的计算旨在为所有人类和动物带来福祉。功利主义者遵循的原则是"尽可能为更多人带去最多的快乐"。一个行为若是能够普遍提升幸福度，那么它就是一个好的行为。一个增添幸福避免痛苦的行为达到了它最大的使用价值，它所带来的积极作用要远大于可能造成的负面影响。因此我们可以说，最好的行为会给所有人带来幸福，不伤害任何人的利益，一个伤害到他人或是损害他人利益的行为则是不好的行为。这就是功利主义原则所倡导的：提升全民幸福，减轻全民痛苦。

所有生物都有生的权利！

功利主义者认为，我们可以根据一个行为产生的结果判断它的使用价值。这一点值得商榷，因为不同利益及不同生物间无法相互进行比较。比如美国哲学家汤姆·里根（Tom

拯救一个人还是两只动物？

我们假设，一个朋友患了重病，急需一种特殊的药物。这种药物虽然已经被研发出来了，但是还没有经过测试，有哪些副作用尚不明确。研究者担心，服用这种药物会给患者带来严重的副作用。最快速也最有效的解决办法是将这种药物在狗和马身上进行测试。一周后便可知道这种药物到底是可以拯救重病的朋友，还是会对其造成生命危险。

现在你有（至少）两种行动可能性：你希望在狗和马身上试用这种药物，并且承担它们忍受痛苦或是为此死亡的风险吗？还是说，你会因此停止对自己朋友的帮助，因为对你而言两只动物的生命更重要？

Regan)就深信,动物有活着的权利。他关心的不是动物和人类具有平等的地位,而是它们尽管有许多不同,但仍能被我们同等对待。动物本身也许并不具备承担道德义务的能力,但是它们却可以成为我们道德行为的接受者。

里根指的是那些具有普遍性的义务和权利。在这里得到展现的是不同于功利主义的义务论,它不从结果来判断一个行为的价值,而是从行为本身入手,义务论对一个行为产生的动机及想达到的目的提出疑问。一个行为符合还是违背道义,不受它结果的影响,而要看它是否遵循某种特定的道德准则,比如"禁止杀生",杀害生物的行为从根本上来说是错的,不管人们是宰杀动物还是出于自卫杀了它。

疯狂的思维之旅

假设你发现你的父亲偷偷地靠贩毒在挣钱。虽然这难以置信,但是你们的房子、家庭度假以及其他的一切开支都得靠他的这份营生,而许多人将因此陷入毒品的深渊。

你会出于正义感举报你的父亲吗?还是会仔细斟酌一下你的这一行为将会产生的积极影响和消极影响?你会遵循道德准则还是追求最大利益?

一个人可以有多少朋友？

研究者认为，一只绵羊可以分辨自己的同类，也可以识别人脸，就像人们在现实生活中可以分辨许多不同的照片一样。此外，它们还具有绝佳的记忆力：它们可以通过脸部识别出50多个同伴，彼此交好的绵羊就算好几年不见也还是能够认出对方。

> 「有老朋友的幸事之一，就是你可以尽情地在他们面前犯傻。」
> ——拉尔夫·瓦尔多·爱默生

Aaron

Albert

Alexa

Anita

Anton

我们可以对"友谊"进行一个简单的定义：朋友就是你愿意花时间和他待在一起的人。重要的是，你们会一起做些什么。然而，我们时间有限，因此我们所拥有的朋友数量也是有限的。假设所有人都可以上网并且在社交网络上有自己的主页，每个人都可以在网上同其他任何人成为好友，这现实吗？这其中有多少人是你认得出来的？虚拟网络中的这种好友关系又将怎样影响我们对"友谊"的理解？

什么是朋友？

人类需要得到彼此之间的关注和承认。哲学家努斯鲍姆甚至将建立、维护友谊的能力视为人类最重要的基本能力之一。在一段友谊中，共同经历和兴趣处于关键地位。两个成为朋友的人可能都喜欢某一种音乐，也可能都喜欢文学、旅行、足球，又或者他们具有相似的幽默感。

友谊建立在感同身受和互生好感的基础之上。一个具有同理心的人能够设身处地为他人着想。因此我们说，感同身受可以帮助我们理解他人，从他人的角度思考问题。好感指的是两个人互相喜欢。只有当双方有好感时，两人才能成为朋友。一个人是不可能同他不喜欢的人建立友谊的，反之也不成立。友谊是相互作用的产物。

在同理心和好感的作用下，你会觉得同他人相处很愉快。这种同朋友、伴侣和家庭成员间的紧密联系构成了我们生命中最重要的经历。哲学家亚里士多德甚至将友谊视为一个美好人生的先决条件。

并不是每种友谊都必须亲密无间。足球迷之间尽管可能互不认识，但是因为共同的爱好却可能产生一种强烈的认同感——他们同样喜欢足球，喜欢同一个球队，追求同一个目的，即希望自己的球队能够获胜。也许这正是足球能够吸引那么多人的原因：人们在这个集体中能够尽情地分享和表达自己的情感。社交媒体不正如一个巨大的足球场吗？人们在里面一起欢呼、呐喊、微笑、愤怒和分享其他情绪。

友谊是相对的

你能同一个从未谋面的人建立友谊吗？

我们对于他人的认知有多少是有用的？

写下表明你是一个好朋友的三个表现。

我们生活在一个地球村吗？

加拿大媒体理论研究者马歇尔·麦克卢汉早在20世纪60年代便提出，世界各地之间的联系将会变得越来越紧密。他将这种全世界的网络联系形象地比喻作"地球村"和"地球剧院"，并以此指出我们正经历的一场历史性巨变。自古腾堡发明现代印刷术起，世界便进入了纸媒时代，而如今它又将被数字时代所代替。电视和因特网让我们近距离接触到了世界各地发生的事情。我们可以获知地球上别的地方发生了什么事情，这使我们时常觉得我们就生活在一个共同的"地球村"里。

友谊和弱关系（schwache bindungen）

麦克卢汉对于世界连接在一起的设想就如一个预言，今日看来，他的预言成真了。人们在社交网络上互相结识、建立友谊已经变成一件理所当然的事。任何用途、话题或是兴趣都能将世界上不同的人连接在一起，任何时候我们都可以结识更多来自世界各地的人。20世纪90年代初，一个人最多还只能与大约150人保持有效联系，今天这个数字已经大幅增长了。

一个有关定义的问题

对你而言，熟人和朋友的区别在哪里？

因为人与人之间的关系都是不尽相同的，所以说每段友谊都是独一无二的？

社会学家口中的所谓"弱关系"，虽然并不属于紧密的朋友圈，但是对于一个人的社交网络而言也是十分重要的。人们在日常生活中大概都有一个固定的朋友圈，"弱关系"能使我们接触到更多视野之外的圈外人和新鲜事物。"弱关系"不必具有发展成友谊的可能性。我们可以在社交网络中暂时"忽视"一些人，等过一段时间之后再和他们产生联系。社交网络使我们更容易结识他人并拓宽我们的信息面，在它的影响下，是否会产生新形式的友谊呢？

我们的生活和文化变得越来越紧密

全球化的发展在多数情况下是不为我们所控制的,然而它却使我们的生活和文化变得越来越紧密。诸如全球化与人为灾难这样的复杂现象通过媒体进入了我们的日常生活。我们通过媒体真真切切地看到了这些事情的发生,对他人及他人的故事感同身受,而这些感觉全靠如今数字媒体的发展才得以实现。我们成为地球村的一部分,这也要求我们具备一种新形式的跨文化理解和适应能力。无论在农村还是在城市,文化的相容性和我们工作、生活条件的国际化,不同的生活与文化间的联系越来越紧密。我们的文化就像一个丰富多彩的港口,受到不同因素的影响,我们在这里学习如何与来自不同宗教、文化背景的人们相处,这样我们才能互相包容而非互相敌视地生活在一起。

是什么将我们联系在了一起?

在我们的文化中,我们习惯了打招呼时互相握手并与对方进行眼神交流。在相互交流中,我们的脸部表情和直接的眼神接触起到了至关重要的作用。在这种面对面的交流中,我们同他人建立起了直接、私密的联系。(也许正是因为这个原因,人类在性行为中才会互相看着对方——这一点不同于其他任何一种哺乳动物。)没有什么比眼神交流更能让人

我们在陌生人身上看到自己

每个人都可能经历过这个情景:我们在电视或是网上看到一些人,他们仿佛在直接同我们对话或是突然间令我们产生情绪波动,也许因为这些人正身陷囹圄,又或者因为他们经历独特。

你紧紧地盯着一个陌生人的眼睛,你认为自己需要多长时间才能对眼前的这个人产生亲密感?研究者声称,任何人最晚4分钟后就会产生同理心。

感觉到自己的存在了。在他人看我们的目光中，我们能感受到自己是一个主体，同时也是他人眼中的客体：我看到别人正看着我，同时对方也能看到我正看着他。

对此，法国哲学家伊曼努尔·列维纳斯提出了一个疯狂且不无矛盾的观点：他者比我更重要，因为他者存在于我的眼前。这句话的意思是，我们对于他人及陌生事物的感受能够帮助我们定义自己的身份。我们能够通过观察他者认识自己，发现自己具有蔑视、骄傲、理解、责任、羞愧等感觉。观察他者使我们意识到了一种"陌生感"的存在，而我们可以据此更好地认识自己。我们在他人的脸上看到了将我们联系在一起的东西：一种独立于文化、语言、性别和出生地之外存在的人性。对于列维纳斯来说，这种将我们联系在一起的人性就像上帝和万物的无限性，无法得到解释。

眼神接触

那些我们在屏幕上看到的他人的眼神也具有相同的作用吗？

不同的文明应该如何和平共处？

人与人之间由于出生地的不同、信仰的不同，以及接受文化的不同经常陷入分歧。争论和误解是日常生活中经常会发生的事。美国政治哲学家塞缪尔·亨廷顿认为，世界上的诸多纷争必然会引起不同文明间的冲突。在这里，他指的是那些由于各自特点而无法达成共识的不同文明。每种文明都视其他文明为竞争对手，不愿意为了他者而放弃自己的价值观与生活方式。文明间的斗争就像一场权力的争夺，只有更强的一方才能获胜。许多哲学家对亨廷顿的观点进行了抨击

及质疑。最主要的问题是，他将单个文明，比如中华文明、伊斯兰文明及西欧文明都视为一种封闭式的"纯"文明。事实上，大部分文明中都存在着一个移民社会，来自不同文明的人在其中共同生活。

对于"世界主义"（Kosmopolitismus）来说，文明的纯正性是自相矛盾的一种观点。没有一种文明可以独立于他种文明的影响而存在，这个世界上也不存在任何完全纯正的文明。任何文明都受到过其他文明的影响，在某种程度上与其他文明混合在一起。也正因如此，不同文明、民族和国家间没有明确的界限。世界主义观点认为，文明不具备固定的、界限明确的本质核心以使人们对其做出定义。这一点也适用于人类。具有此类观点的哲学家依此提出了对人类身份的一种新的理解：一个人不应因自己的家庭出身、语言能力与国籍情况而被定性。

跨越文明界限的友谊

每种社会中都生活着来自不同国家、具有不同信仰及价值观的人。美国哲学家奎迈·安东尼·阿皮亚（Kwame Anthony Appiah）认为，如果这些人想要在一起和平相处，那么他们就必须互相理解并用跨文化的视野来看待问题。世界主义采用的便是这样一种视角。前提是,我们乐于对价值观及道义问题展开跨文化的对话。文化差别和矛盾无碍于我们建立一个共同的价值体系,重要的是我们如何对待它们,因为对于我们习惯之外的行为,我们其实是可以忍受的。为此,阿皮亚提出了一种世界主义伦理观:

1 在一个存在不同语言及文化的社会中,所有人都具备基本的道德表达词汇,比如"好"和"差"。它可以成为我们在社会中交流的基础。阿皮亚认为,我们需要的是共同生活所必需的、有规律的交流的可能性。我们应该对他人的生活方式和生活习惯产生兴趣,因为对差异性保持兴趣并对此展开研究,才可能使来自不同文化的我们互相理解。

2 在一个世界主义社会中,意见分歧不是问题,因为人们知道:我们不需要意见统一也可理解对方!比如,关于禁止性暴力和禁止虐待儿童,人们可以有不同的论据和做法,重要的是,人们把它们视为共同信仰的价值观。当有人违背这一价值观时,大家会在某种程度上采取一致的惩罚措施。因此我们说,世界主义理论关注的是事实而非形成这个事实的原因。在日常的共同生活中,重要的是我们能够形成共同的价值观，而非研究这一价值观为什么可行。

3 世界主义理论认为，就算各方不能就共同价值观达成一致，也应该存在和平对话的可能性。对他人友好不仅包括对他人生活方式的容忍和理解，也包括在两方无法取得一致意见时应持有善意的态度。我们能容忍他人的生活方式并愿意为此去进行沟通。这使得我们能够更好地适应对方。沟通交流和宽容大度的一大作用就是我们对他人生活方式的忍受。只要沟通能够持续下去就没有问题。人们既可以同本国同胞，也可以同外来移民共同生活。世界主义认为，人是一种习惯动物。一个人的习惯带给他的日常生活的影响，通常情况下要大于理性思考的影响。任何事物带给我们的陌生感都只是一个习惯问题。

在一个国家生活需要什么？

掌握这个国家的语言并获得工作的机会就够了吗？

需要怎样做你才能感到自己真正融入了这个社会？

对你而言，言论自由、信仰自由、性生活自由与无暴力的教育意味着什么？

语言构成我们的现实吗？

请做一下这个实验：在不借助语言的情况下想某件事。这是可行的吗？你能够不借助语言完成思考吗？

日常生活中，我们很少对语言本身进行思考。事实上，语言对我们而言意义非凡，它同我们的认知能力和思考能力紧密相关，说话对我们有用极了！然而语言不只是一种有用的交流工具，它也构成了我们行为的一大部分。如果你不具备"牛角面包""芝麻面包""碱水面包"等词汇，你该怎么在面包房点单呢？我们对不同面包和饼干种类的命名并不只是形容物体本身，它们同时也体现了我们对外部世界的感知。如果你不了解有关星星、行星和其他天体的词汇，你又该如何描述夜空中的亮点呢？

在我们的日常认知中，思考和说话是息息相关的，通常情况下每种思考（或多或少）都伴随着相应的语言。不借助语言的思考很难，但也并非不可能。比如让我们想象一下

"渴"的相对面。虽然我们找不到一个合适的词来形容它，但是我们仍然明白"不渴"是何种感觉。语言对于我们的认知和思考的影响究竟有多深远呢？

想一想"葡萄干面包"这个词

大声地念出这个词并连续重复10遍。

现在静静地回想这个词。

大声地回想这个词！

语言是相对的！

每种语言都以自己独特的方式处理现实。因此，说着不同语言的人们也就以不同的方式感知这个世界。比如，一个不认识"雪"的人就不会将雪花和路边泥泞的雪看作同一事物的两种不同形式。与之不同，因纽特人有着丰富的关于"雪"的词汇，可以对雪的不同颜色和性状做出描述。一个生活在沙漠中的人可以与因纽特人进行关于"雪"的交谈吗？语言学家爱德华·萨丕尔和本杰明·沃尔夫认为，一个人母语中的语法和词汇极大地影响了他的思维，以致他无法理解说另一种母语的人所具有的某些想法。这个观点也被称语言相对论。如果我们将这个原则极端化，那么不同语言间的翻译便变得不可能实现了。而说着不同语言的人之间也将无法相互理解，因为他们对这个世界有着完全不同的感知和见解。可是，说着不同语言的我们不是生活在同一个世界中吗？

> "我的语言的界限意味着我的世界的界限。"
> ——路德维希·维特根斯坦

我们怎样用语言影响社会

不仅在日常生活中，在社会和政治生活中，语言和认知的关系也十分复杂。文字不仅可以改变我们个人的认知，它也可能影响社会整体的认知能力甚至引起政治讨论。一个被热议的问题是，我们是否应该为实现男女平等而人为地创造并使用一些词汇。如果我们在描述"学生们"时不再使用字面上仅指男学生们的"Studenten"这个词，而是使用男女学生都囊括在内的"Studierende"这个词，我们对所描述的群体的日常认识会发生变化吗？我们可以通过语言上的措施来使整个社会变得更加平等吗？

另一个因为语言的作用而对我们的生活产生巨大影响的领域是医学。比如我们注意到，过去几年患"注意缺陷障碍"（ADHS）的病人越来越多。这种疾病得到确认还没有很长时间，也就是说，极有可能在这之后出现了越来越多的病例。我们用一个词就将这种病理现象进行了命名。反过来看，我们可以认为在医学界进行确认前，"注意缺陷障碍"这种病根本不存在吗？

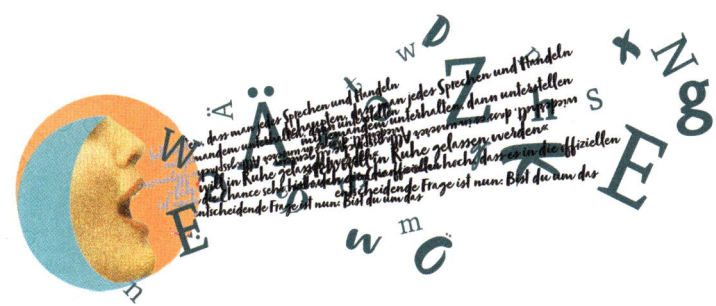

我们究竟在谈什么？

假设，你站在一棵树前，一只红色的松鼠坐在高高的树冠上。可是，由于它处于树的另一面，你无法看到它。你逆时针绕着树干走，同时眼睛一直盯着树冠。那只松鼠以同你一样的速度围着树干绕圈。你转了一圈后又回到了出发的地方，可你还是没有看到那只红色的松鼠。整个过程中，你和松鼠之间都隔着树干。现在问题来了：我们可以明确的是，你绕着树转了一圈，可是我们可以同样认为你绕着松鼠转了一圈吗？

这个思维实验由美国哲学家威廉·詹姆斯（William James）提出。问题的答案取决于我们如何理解"绕着松鼠转"的意思。如果你认为"绕着松鼠转"的意思是先在它的前面，接着到了它的旁边，然后又到了它的后边，最后回到了它的前面，那么你没有绕着松鼠转。如果你坚持认为自己沿着东南西北四个方位绕着松鼠转了一圈，无论在这个过程中松鼠自己是否有动过，无论你有没有从哪一面看到它，我们都可以认为你绕着松鼠转了一圈。理解这个实验不仅需要我们具有良好的空间想象能力，它同时也告诉我们，一个表达极有可能包含多重意义，并不是只存在一个正确的意义。

@所有能读懂符号的人！ #表情符号

某些语言符号，比如"瓶子"和"蛇"可以被理解为两种完全不同的事物。"我十分 :)"和"今天实在 :("一样易于理解。也许我们会进一步追问发生了什么，但是几乎不会有人说自己没看懂这两个句子。就算这些句子少了几个字，我们也能够自己将这句话补整，猜测出它的意思，只要缺的字不是很多。

所有东西都可以有另一种称呼

你能想象为什么我们要把狗称作"狗"吗？瑞士语言学家费尔迪南·德·索绪尔认为，一个语言符号由"音响形象"（Lauthild）及"概念"两部分组成。"音响形象"指的是用来形容事物的词（比如"狗"），换句话说，"音响形象"表达的是"能指"；与之相对应的是"所指"，即这个词所描述的东西（比如狗这种动物）。从根本上来说，音响形象和概念的结合是偶然的。一只狗会"汪汪"大叫也会"呜呜"地呻吟，却不可能发出"喵喵"的声音，这并非纯属偶然。这些拟声词的存在是一个例外。

"意思"这个词有两个意思

让我们来看一下这两个句子："痘痘代表一个人已经进入青春期了"和"湿漉漉的街道代表下过雨了"。两个句子分别讲述了人身上的症状和外界发生过变化的迹象。第一个句子描述的是一个生命阶段，第二个则谈论了天气情况。两者都是关于世界上实实在在发生的情况。让我们再来看另一个句子："给一个句子安上结尾和结束一个句子表达了一样的意思吗？"在这里，我们突然提到了并不能直接指向大自然中具体存在的物体的词汇。语言哲学家 H. 保罗·格莱斯（H.

Paul Grice)因此在自然符号和象征符号间进行了区分。湿漉漉的街道是雨后的一个自然现象，痘痘也是青春期的一个自然征兆。字母、词汇和句子则不算是这样的自然现象，它们是具有象征意义的符号。

难道我们不应该也谈论一下"意思"这个词的不同意思吗？对于自然符号而言存在着普适性的规律，它们有些是正确的，有些是错误的。"湿漉漉的街道"所表达的意思并非偶然，因为它在雨后发生，依据的是一个客观事实。如果我们对世界进行主观性的描述，那么每一个陈述都有可能是正确也可能是错误的——这要看它们是如实还是错误地反映了现实情况。人们可以对它进行评判，比如对"所有香蕉都是霓虹色的"这个陈述，人们可以轻易做出判断。自然符号描述的是世界上发生的事情，它不同于象征性符号：词汇和句子后面一定有一个人在使用它们，而这个人使用这些符号一定想表达某个意思。别人是否能够准确明白他所要表达的意思，则又是另一回事了……

这不是蹦床！

　　这句话是什么意思？那就要看情况了！如果句中的"这"指的是"蹦床"这个词，那么以上这句话的意思便是说"蹦床"这个词本身并不是蹦床。

一个词的意思就是它的用途吗？

爱丽丝在仙境中遇到了一个叫作"矮胖子"的疯狂而自负的蛋。这个蛋声称，它可以自由选择词语的意思。同样，它也可以自己创造出新的词汇，比如"非生日礼物"——意思是那些不过生日时也能收到的礼物。爱丽丝对此表示疑惑。人们真的可以轻易地改变一个词的意思以及发明新词吗？"矮胖子"想当然地认为这是可行的，你想表达什么意思，这个词就是什么意思。也就是说，词的意思是可以根据个人需求变化的。这个结论符合当今一种最著名的语言理论——"意义使用论"（Gebrauchstheorie）。提出这个结论的是奥地利哲学家路德维希·维特根斯坦。但是他同时表示，世界上并不存在这个疯狂的蛋所说的个人语言。

词语从何获得其意思？

想象一个词……

可以通过手势表达出来。

对你而言象征着一个重要的事物。

与它自己有关。

在缺少对立面的情况下无法存在。

我们无法自由选择词语的意思

"使用论"理解起来十分简单。这种理论认为，一个词的意思表达的就是它的用途。没有一个词的含义具有普适性，因为它总是随着情况的改变而改变。我们想要理解一个词和一句话的意思，就必须了解这个词、这句话在我们的日常交流中是如何使用的。一个词的意思包含了它所有不同的用途："快看，后面草地上有一只黑羊"与"我是家里的'黑羊'*"中"黑羊"表示的意思显然不同。维特根斯坦将"黑羊"的这两种不同的使用称为语言游戏。每个语言游戏都有

---

* 德语中"黑羊"（schwarze Schafe）有"不合群的人"之意。——译者注

它自己的规则，它产生于日常用语中。语言游戏对于我们而言十分重要，因为我们必须习惯他人的游戏规则。

语言是一个社会性的重复过程

人类的语言和交流是具有社会性的过程，可是这不意味着词语就可以任意地改变意思。为了便于互相理解，我们需要一套有着固定意思的语言体系。在大部分语言使用过程中，我们都能明确它的表达是否正确。可是有时候，一个词的意思在不同地区有不同的理解，因此我们不能就其本身判断对错。举一个简单的例子，德国南部和北部地区对于"牛角"和"油煎饼"有着不同的理解。在这里我们可以认为，面包的种类几乎与形容面包的词汇一样多。

在日常生活中，我们经常通过使用词汇来比较它的不同意思。同他人的谈话和交流也是我们相互确认自己所用词汇正确性的过程。同样，我们也在这个过程中学习词汇新的意思。随着时间的流逝，一个词的意思变得越来越多，或者说得到了改变。一个词若想增加一个新的意思，只需让足够多的人去使用它，表达出它新的意思：德语中表示手机的"Handy"是个源自英语的外来词，就是因为被足够多的人不断重复使用，所以才在日常生活中成功代替了"移动电话"(Mobiltelefon)。有趣的是,"Handy"这个词在英语中表达的是一个完全不同的意思。一个词若是被足够多的人重复使用,它被正式收录进词典的可能性也就大大提高了。所以说并不是杜登大词典中的语言使用规则影响了我们对语言的使用,而是我们对语言使用的改变被记录在了词典中。

是否存在这样一个词语……

没有任何意义?

对你而言没有任何意义?

你希望它有另一个意思?

除了你没有别人知道它的意思?

我们能用词汇干什么？

我们不仅能用词汇表达意思，根据英国哲学家约翰·奥斯汀（John Austin）提出的"言语行为理论"（Sprechakttheorie），我们还能通过词汇进行某些行为，比如抗议、咒骂、调情、说唱、写作或是讲笑话。一句话可以表示要求、疑问、请求、警告、玩笑、推荐、威胁等多种意思。有时，一个问句也能表达一种态度，比如"你疯了吗？"。每一个言语行为都应该引起对方某种反应。它可能使他人感到不安、欣慰、恐

你的言语暴露了你的……
出生地？
受教育程度？
感觉？
政治倾向？

吓、鼓励、信服、恶心或是受表扬。这些全是我们依靠语言所做出的行为。缺少了预期反应的言语行为是毫无用处的。一段调情或是一个抗议只有在被他人承认并理解的基础上才能被称为成功的言语行为。

说话意味着做出行动

在同他人进行交谈时，我们想当然地认为对方也想要告诉我们些什么。在他的话语里我们听出了他的意见、目的，以及特定的期待。如果你最好的朋友在电影院里对你说："这部电影太无聊了！"这时你可以回答"是的，你说得对"或者点点头表示认同。也许你的朋友向你说出这句话是对你进行行为上的要求，他请求你和他一起离开电影院。你当然可以进一步追问你的朋友，他说这部电影"无聊"到底是什么意思。又或者你喜欢这部电影，希望把它看完，所以直接忽视了他的话。这种状况下，重要的并不只是一个人说话的语气，还有对话双方之间的关系。

理解意味着解读

人类并不是机器,并非只需一个密钥就可以说话。每个人都在交流中融入了自己的个性,因此每个人的言语都具有鲜明的个人色彩。同样,我们常常可以对一句话进行多重解读。产生这种现象的原因之一是言语在实际层面和关系层面表达意思的不同。我们可以从实际(内容)层面也可以从个人(关系)层面对一句话做出阐释。日常交流中出现的误解,就是由于混淆了这两个层面的意思而引起的。("我并不是这个意思!")

我们从何而知对方是否有说真话呢?通常我们总是假定对方说的话都是对的。这样做可以使我们的交流变得快捷而简单。如果我们对对方的每一句话都要进行批判性的追问,那这场交流简直就是灾难。然而,你不这样做的后果是你有可能会忽略对方对你的欺骗。一个人所说的并不完全代表他真正想表达的意思和行为。语言可以被用来进行伪装和制造假象。如果对方本就不愿相信你,那么恐怕无论你怎么做都没法获得对方的理解。

你能不交流吗?

假设你坐在医生的候诊室里玩着你的手机。房间里的其他病人也许会觉得，你并不愿意同他们说话。你给了他们一个感觉，你并不想被打扰。交际心理学家保罗·瓦茨拉维克（Paul Watzlawick）提出了一个著名的论断："人不可能不交流。"这句话的意思是，就算是沉默也是在向他人传达信息，比如"不要同我说话"或者"我想一个人静一静"，尽管这也许根本不是沉默者的本意。一些哲学家对此表示怀疑，他们认为，每一句话、每一个动作都具有其特定的目的。你能静坐在一个房间中不进行交流吗？根据瓦茨拉维克的理论，一个人只要同其他人处于同一环境中，他就持续不断地在进行着交流。就算是你独自一人在场，你也在同你自己进行着交流进而产生心理活动。

交流无处不在！

设想一个你不经意间说出一件事的情景。

不带目的性地同其他人坐在一个房间里。

不经意地讲一个笑话。

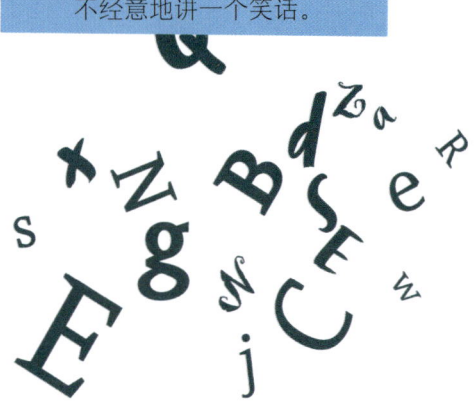

我可以自己选择爱谁吗？

几乎每个人都知道被爱是一种什么感觉。一个恋爱的人看待世界的方式也会有所不同。我们经常用"心里痒痒的"和"坠入云端"来形容恋爱的感觉。"桃花满面"这一表达方式则展现了恋爱这种状态在身体上的表现。

就连科学家们也强调一个人在恋爱时具有某些身体表现，比如"魅力"指的就是一个人具有某些特定的外在吸引力。一些科学家认为，靓丽的外表及其具有的魅力体现在对称的形态中，一个人的身体越呈现出一种对称感，他对我们而言就越具有美感。也有另一种观点认为，人身上的对称感只有在其同时出现一些不对称的特征时才能呈现出美感。

一个人对他人的吸引同时也是一个生化过程，他的气味在这个过程中起到了重要作用。研究者已发现，热恋中的人具有一种特别好闻的味道。这听起来十分有趣，然而却可能导致爱情中出现的许多误解。比如科学家们就猜测，如果一个人服药后嗅觉发生了改变,那么他对伴侣的选择也就会发生改变。所以爱情真的是一个关乎吸引力的问题吗?

虽然我可以说出我在喜欢的人身上看中的优点,但是我却不能决定自己喜欢哪些特点。我说得出喜欢一个人的原因,却道不明为什么我喜欢的偏偏是这个人,而非其他具有相同或相似特点的人。

虽然爱情看起来是一个各种文化中都存在的广泛现象,我们却不能自由选择自己的伴侣。哲学家亚瑟·叔本华和心理学家弗洛伊德认为,爱情服务于性欲及人类的繁衍,也就是说最终是为了使我们人类物种得以延续。他们认为人类爱

的能力就像一种永动的生物机制，在人类进化的过程中被保留下来。一个人能够被他人所吸引，受到的是基因和生物特性上的双重影响。可是难道爱情存在的意义就只是为了使我们获得足够多的后代吗？

浪漫的爱情并非由来已久

不管人们对爱情如何进行定义，在恋爱关系中，我们确实陷入了前所未有的矛盾中。在爱情中，我们感受到了最高程度的亲近感。我们同爱人之间的关系包含了性行为、情感的寄托，以及社会层面上的亲密感，这比我们所经历的任何友谊及亲情都更加强烈。

过去，我们选择结婚对象时经常会考虑对方的社会阶层属性、财力情况，以及与之结合的婚姻能为自己带来何种收益，这种爱情是一个人经历了理性思考后做出的决定。直到不久前，人们才发现，原来我们也可以从情感的角度出发自由选择爱谁。哲学家们一致认为，直到19世纪时才出现了"浪漫的爱情"这一概念。只有在"浪漫主义"这样的时代中，当内在和外在的感知世界占据了艺术的核心时，我们才会去关注人与人之间性和情感关系的发展。浪漫主义将爱情视为生活在充满拘束的世界中的理性人感受自由的避风港。

这种认为爱情是自由并受感情因素决定的观点，也许同认为爱情纯属一种生物现象的观点一样值得推敲。浪漫的爱情就算在今日社会中也往往只存在于理想状态中，影响着我们对情感关系的构想。有趣的是，许多欧洲人虽然不相信浪漫爱情的存在，却依旧将之视为自己的梦想：一方面，人们不再相信一段爱情可以一直持续下去；另一方面，很多人又期待可以同伴侣共度人生。

你真的爱对方吗？还是说你只是希望被爱？

大多数人希望能够得到别人的爱。

请你在今天特别注意下，

爱情在你的恋爱关系中究竟扮演了怎样的角色。

你究竟是因为爱情本身，

还是因为别人爱你而喜欢上对方？

我们该怎样理解"爱情"?

从今天科学研究的结果来看,恋爱的感觉建立在信任、激情和义务上。对爱情的科学研究从情感层面、动机层面及认知层面展开。情感层面包括所有亲密的感觉和价值观,比如信任、重视和尊重。动机层面指的是我们爱人的动机,它既可能是追求性欲的满足,也可能是为了避免孤独,共同的兴趣也可能促使一段感情建立。认知层面则意味着我们做出同他人共同生活的决定是有意识的行为。传统意义上,这种决定将通过婚姻的形式得到公开。而在实际情况中,我们需要一而再,再而三地重复这种决定,以使我们的关系能够维持下去。哲学中有时将两个人之间的爱情描述为共同的意志与结合。这种对于爱情的定义早已有之,由亚里士多德提出,意思是爱情的出现基于人类个体对于结

『但是爱情……只可能存在于个体间。』——库尔特·图霍夫斯基

合成"我们"的需求。这种观点在当今社会的哲学家中争议很大，许多人对此提出质疑：这种"我们"是否忽视了两个人首先作为个体而存在，他们喜欢对方是因为对方身上存在着自己欣赏的特质。

在过去的 200 年里，社会对于爱情的定义经历了巨大的改变。18 世纪以来发生的追求自由和平等的运动，以及实现男女平等的要求，从根本上改变了我们的感情生活。很长一段时间里，我们一直认为只有男女之间才可能出现爱情。时至今日，一对育有子女的夫妇构成的家庭，仍是我们社会中对于两个人之间爱情的最好展示。

可是，我们现在已经知道，许多人具有双性恋倾向，而且爱情可以不受性导向与性别的限制呈现出多种形态。一个家庭的构成也不再仅限于传统的形式。随着离婚与分手率的提高，社会中出现的重组家庭与单亲家庭的情况也渐渐增多。此外，也有许多同性伴侣组成了家庭，他们同其他家庭一样抚养孩子。难怪人们对于爱情具有不同的定义。

你相信一见钟情吗?

想象一下,我们的祖先原本像球一样是圆的。他们并非单独存在,而是两两结合构成了一个圆球,在生活中"滚动"。

突然有一天,两个结合在一起的人被分开了,从此,每一个人都陷入了寻找另一半的过程中。一些人甚至把另一半称为更好的那一半,因为失去了对方,就失去了自己的完整性。提出这种"人球"理论的是哲学家柏拉图。这种理论对人类对于完美伴侣的追求做出了很好的解释。

你能对两个人之间存在的这种直接信任感(心灵相通性)和一见钟情做出解释吗?一个人对伴侣及爱情的追求真的是为了让自己变得更完整吗?

人的性别是与生俱来的吗？

假设，明年夏天所有男人都将穿着比基尼去游泳，又或者伊朗所有男人都开始用面纱遮面。这些行为在我们当今社会中正常吗？我们如何区分"男性"和"女性"？依靠生物性的差别还是身体特征的不同，还是说要看一个人的具体行为？如果在大街上我们碰到无法直观上区分性别的人，我们又是否会感到困惑？

在 20 世纪中，许多女性科学家和社会学家对妇女在社会中的传统地位提出了质疑。她们提出的两点认识改变了我们对性别的定义：1. 人的性别并非出生时就决定的，而是在社会生活中后天获得的；2. 异性恋并非唯一正常的性取向，而只是诸多性取向中的一种存在形式。

"人的性别不是与生俱来的。"这句话到底是什么意思？难道说女人和男人之间不存在生物学上的区别？首先我们必须明确，当我们在描述"男性"和"女性"时，我们所指的不一定是同一个意思。它可以却不一定指生物学上的性别。"成为一个女人"和"具有女性特征"在我们的社会中是有区别的，正如"成为一个男人"和"具有男性特征"是不一样的。"成为一个男人"意味着具有生物学意义上的男性特征，"男性特征"则指的是一种也可适用于女性的性格特点。如果一个女人嗓音低沉，我们也许会说她的嗓音很男性化。同样，一个戴着首饰，拿着小提包，走着优雅小碎步的男人也会被人形容为女性化。所以，"男性"和"女性"既可以指一个人生物学意义上的性别，也可以描述这个人特定的外形与行为。为了区分这两个层面，在性别研究中我们需要对一个人的生物性别和社会性别进行区分，后者专指我们在社会生活中体现出来的特点。

一个人的性别不代表这个人是什么，而体现在这个人做什么上

一个人的生物性别由他的性染色体（XX 或者 XY）决定，具体通过第一性征及第二性征表现出来。看起来这是一个十分明确的定论。（然而，它并非适用于所有人，有人生来便同时具有男性和女性的生物特征，还有人会拥有与其性染色体不相符的第二性征！）

从传统意义上来说，我们的生物性别决定了我们的社会性别。比如我们认为女性具有某些特质和行为方式是不言而喻的。她们很会关心人，也乐于照顾孩子（毕竟是她们生出了孩子）。男人天生就更有力量，这点尤其体现在运动能力上。所以说，一个人的生物性别影响了其能力和行为方式。

典型的男人，典型的女人？！

请你罗列出女性特点和男性特点。

你认为自己更加女性化还是更加男性化？

这种感觉来自你的内心还是产生于别人对你的看法？

美国哲学家朱迪斯·巴特勒声称，并非生物特性区分了女人和男人。诚然，两者之间存在着不同的基因和生物学意义上的性别差异，可是这些却不能确定一个人的社会性别。有些人的眼珠是绿色的，另一些人的眼珠是棕色的——可是一个人眼珠的颜色不能决定其性格和行为特点！对于巴特勒来说，性别身份也是一样：我们的性别并不取决于它是什么，而在于我们具体的行为。产生差异的关键不在于生物性别，而在于某种性别下具体的行为方式，即我们的所作所为。一个人的社会性别属性将由其具体的行为决定：我们如

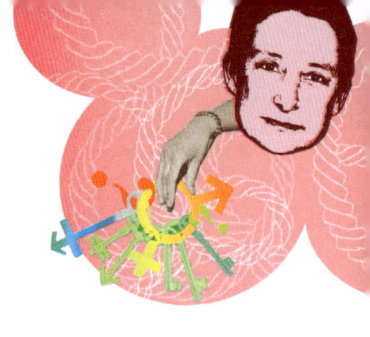

> 「性别是一种模仿……使自己拥有某种性别意味着去模仿一种典型,没有人能够做到同这种典型一模一样。」
> ——朱迪斯·巴特勒

何穿衣、如何行动,以及具有哪些爱好。

性别研究的一大关键性结论是,同一性别群体并不具有相应的基因特征来区分生物性别和社会性别。我们对不同性别的角色理解是在社会生活中形成的,而且我们的观点也并非不可改变。社会性别和性别角色经常会发生改变。

这种观点有违于进化心理学,对于后者来说,生物特征和社会行为之间并非没有具体关联。一些进化心理学家和进化生物学家认为,我们的基因和激素很大程度上塑造了我们的性格特点,并决定了我们的行为是男性化的还是女性化的。

什么才是正常的？

如果所有男人都穿着比基尼去游泳，我们对男性化的定义也许就会得到改变，因为直至目前，我们仍然认为正常情况下只有女性才会穿比基尼。但一个社会对于男性化和女性化的定义是会改变的，比如18世纪时男人在公众场合穿紧身裤是一件再正常不过的事了，而在今天穿紧身裤已成为女性行为的标志之一。

为什么我们会认为某种特定的行为是正常的，是典型的男性化或者女性化行为？这其实是一种习惯过程，我们将之称为"正常化"。每个人对于别人的行为，以及何为正常行为都有特定的设想。同样，我们对于男性和女性的差别也有自己的见解。这些见解的形成源于我们自身与不同性别角色相处的经历，比如我们同父母和姐妹之间的相处。此外，社会期望和一个性别的典型性表现也在其中起到了重要作用。后者直接影响到行为标准，即对某种性别的人通常情况下该具有何种表现的规定。如果我们对某种角色典型或行为规则经历得足够多，总有一天我们会将它视为一种自然表现。一种行为标准得到越多人的认可，它就越可能被社会所承认，这样就会有更多的人将它视为行为准则。有时，这些准则经过媒体的报道后会变成一些陈词滥调：一边是完美的男性，另一边是完美的女性！男性生来具有攻击性和主宰意识，女性通常情况下则更平和与敏感。我们想当然地在生物性别和社会性别间建立了某种联系，而这种联系在实际情况中却不是一直存在的。

正常即为习惯！

　　这种形式的正常化是无法避免的，也有其存在的必要性。我们需要这样的行为准则来帮助我们判断别人的行为并对其做出预测。比如在日常对话中，我们因为受到这些规则的影响，无法对男性和女性产生新的理解。性别特征的正常化就其本身而言不具有存在的前提，也并无本质性的错误。只是有时它会导致我们以某种不存在的事物对生活进行判断，因为我们和别人的行为与社会常态并非总是相符。比如不同角色所处的社会地位并非本身存在的，而是在社会中形成的。此外也不存在什么完全女性化或是男性化的行为——

父亲也可以是顾家的，女孩也可以踢足球。

如果我们将性别的社会属性视为自然存在的现象而不再加以追问，那么"正常化"就会出现问题。一个社会行为不仅从生物角度上，同时从社会角度来看也有其产生原因。比如一个人从事何种职业，以及在一个群体中扮演何种角色并非完全由其生物性别决定。更多男性而非女性能够占据领导位置这一事实，通常是由其社会原因决定的。如果一种常态被视为是自然存在且不可改变的，那么人们就会忽视小的偏离其实也很正常这一事实。最显而易见的"偏离"就体现在我们身体的不同形态上。

性别研究使我们注意到，一个人的性别远比我们日常生活中了解到的更具多面性及复杂性。就连"双性"（一个人要么是男性，要么是女性）这一点也是一个简化了的构想，因为这个世界上在"男性"和"女性"之外还存在着许多别的性别身份，比如像"变性人"一样的"混合"性别，他们的生物性别和社会性别并不一致。又比如"双性人"，一个人的生物性别并不呈现出明显的男性或女性特征。在印度和瑞典等国家，变性人和双性人已经被正式定义为第三种性别。在这些国家，第三性已经成为社会正常化的一部分。

性别研究突破了僵化的思考模式。如果我们能意识到社会已有的性别区分并非天然存在，也非正常和不可改变的，那么我们就为自己的行为赢得了新的自由度。我们不再受限于既定的社会角色，而是冲破束缚，继而找到符合我们自身特点的社会性别。如果说"男性"和"女性"之间的区分并不十分明显，那么人类的"性"也是一个我们无法轻易解释的词汇，它的形式远比我们社会中认为的正常的"性"更多样。

假装自己是另一种性别

试着在一个小时内（如果你有足够勇气，也可以尝试一天）假装自己是另一种性别。当然，你也可以在这之前多加观察：谁两脚分开坐在那儿，手臂靠在旁边椅子的扶手上？谁经常歪着头说话？谁发出什么声响？谁休息了？谁打断了别人？当你的行为发生变化时，你的感觉也会发生改变吗？

社会到底是什么？

我们无法完全看清或是解释它，只能描述和试着去理解它，没有人知道它会发展成什么样，我们只能肯定它处于无限的变化之中——这就是社会。比如处于社会中的我们变得越来越长寿，过去那些致命的疾病今天也能被治愈；100年前在农村生活和工作的人数要远多于今日；欧洲社会中的妇女直到20世纪才获得了选举的权利；20年前还没有出现智能手机，也没有发达的社交网络，今天这两样事物已经成了我们生活的必需品；进入21世纪，信息能够在短短的几秒内传输到世界的各个角落；也许我们很快就能在虚拟世界中

碰面，虽然我们人不在一起，但是却能在虚拟世界中一起行动。社会的知识和交流习惯在很大程度上受到了科技、政治和经济发展的影响，比如隶属于社会大众现象的移动交流手段，全靠成熟技术支持下的移动终端在全球范围内得到应用才得以实现。

全球化强有力地促进了这种发展。出生于印度的社会学家阿尔君·阿帕杜莱（Arjun Appadurai）指出，全球化进程不受任何文化、政治及宗教限制，包含了所有社会和文化。对于任何社会来说，全球化的发展都体现在5大核心点：财政、技术、政治和科学观点、媒体、人口流动性。举一个科学观点的例子：过去，人类认为地球是平的，在经历了科学、政治和技术上的发展之后，人们逐渐获得了新的认知，意识到地球其实是圆的。到了20世纪，人们终于可以从外太空拍到地球的全貌，从而证实地球确实是球体。如今，一些科学家和工程师甚至谈论人类登陆火星的可能性。它究竟会成为21世纪实现的一大壮举，还是只是我们对未来的一大美好愿景，取决于社会的技术、经济、政治和科学发展。

每个人都从属于不同群体。我们生命中的第一个群体通常是我们的家庭。当然，家庭只是我们所处社会中的一小部分，与不同的社交网络交织在一起，比如班集体、居住的

科技是如何改变社会的

> 如果汽车能够依靠无人驾驶行驶在大街上,那么我们能允许没有驾照的少年儿童在没有成人的监护下自行坐车吗?

社区、学生会、运动社团、常去的酒吧、宗教和社会团体等,除此之外还存在着许多虚拟网络。每个人都同时身处许多不同的群体中。所有这些群体都影响了一个人性格特点的养成。社会学对于不同形式的群体有一个通用的定义——社会。社会具有必然存在性,我们都从属于某个民族、某个国家。我们所知道的最大社会是全球化的世界,它绝非我们用一种封闭式理论就可以描述得清的单一文化体,世界社会具有各种各样的多彩社会现实。

人类在社会形成前的共同生活

英国哲学家托马斯·霍布斯假设,人类在最原始的自然状态下会相互攻击,文明社会并非一开始就存在。理论上来说,社会每时每刻都可能重归混乱的自然状态,因此每个人都必须与全社会签订契约,确认将全部的权力和权利让渡给国家,以使自己得到相应的保护。国家保护个体的生存并确保不会发生个体间的战争。社会契约使个体的安全获得保护、能够获得财产，以及同他人和平共生。

为了使每个公民都有安全感，国家成为唯一的权力垄断者。这就意味着，它将以公民的名义维护其权力及共同法律的有效实施，并在必要时使用武力。国家权力高于一切，为了阻止社会进入混乱状态，国家可以采用任何手段。所以说，国家可以任意行使其权力而不受限制。在这种契约体制下也可能产生专制主义国家。只有在国家权力无法履行它维护和平的义务时，公民才有反对此政权的权利。

如果没有社会该怎么办？

我们无法设想生活中没有社会会是什么样子。你已经意识到了吗？正是这样！哲学家们试着设想这种可能性的存在，并构建了一种没有社会的状态以进一步理解社会的本质及作用方式。其中最有名的是由英国哲学家托马斯·霍布斯提出的思维实验。

假设，最早的人类并不生活在社会中，所有人之间都会互相攻击；你所拥有的东西也许在下一刻就会被人夺走，就连你的生命也时刻处在危险中；没有友谊也没有家庭，因为每个人都只为自己考虑。霍布斯将这种状态精辟地概括为"像狼一样对待对方"。

你签了什么契约？

决定你签订社会契约的前提有很多。你因为害怕被攻击或杀害而接受这份社会契约？如果你首先是出于对自己人身安全的保护而需要这份契约，那么你的契约方是哲学家托马斯·霍布斯。你将完全从属于国家，以换来它对你的权利和自由进行保护。

然而，你也许认为一个人生来就有生活和获得自由与财富的权利！自然状态下的人类也没么坏，所以你认为人类在自然状态下即可享有自由和平等。这时的你签署社会契约是由于你深信人类的优点和个人享有自由，那么你的契约方将是17世纪英国哲学家约翰·洛克。他对自由国家的设想影响至今，因而被视为自由个人主义之父：个人比国家更重要！尽管仍面临着发生战争的危险，但是不同于霍布斯的设想，个人无须完全受制于国家权力。在这种情况下，政府也会维护社会和平，而且政府本身也必须遵守相应的法律。自由主义的国家权力是非垄断性权力，政府的权力主要是为了维护公民共同利益而存在。

18世纪法国哲学家让-雅克·卢梭对契约有着同洛克不一样的看法。虽然他对于社会取得的文化进步持消极态度，因为截至当时的社会契约对他而言只是富人用来确保自己特权位置及其财产不受侵犯的统治手段。但是卢梭深信，人类究其本性是善良而自由的。这种自由也应该在社会契约中得到体现。因此，卢梭提出了一种每个人都可以自行决定，以及每个人都有投票权的社会契约。政治决定既不应该由皇帝也不该由人民选出的代表做出，而应该由人民自己做出。

卢梭提出的这种理想状态下的政治共同体在当今社会中表现为"直接民主"，最重要的法律和决议都由所有社会成员直接投票决定。瑞士便是一个奉行直接民主制的国家，人民直接投票决定重要政治问题。对于卢梭而言，通过直接选举达到的这种所有个体之间的联系，形成了人民公共意志（编者注：即"公意"）。只有这种公共意志可以成为政治体系和社会法规形成的基础。卢梭明确指出：社会群体比

> 「受压迫者的传统教导我们：我们所身处的"紧急状态"乃是常规。」
> ——瓦尔特·本雅明

个人更重要！个人若是违背人民公共意志，在必要时国家可以行使特权对其进行教育。实行这种特殊形式的社会契约有一个前提条件，社会中人口不能太多，以及人与人之间需具有较强的融合力。这也符合卢梭的座右铭：我为人人，人人为我！

人性本善还是人性本恶？

你是否问过自己：人性到底是善的还是恶的？有趣的是，这个问题的答案同社会的作用联系在一起。我们对于人性的判断直接影响到我们对于社会的评判。一些人认为，人生来便是自私自利的，因此需要社会来帮助他们建立秩序、维护和平。对于另一些人而言，合作意识和共同行为能力是人类的自然特性，是社会对个人施加了不好的影响。人类究竟性善还是性恶？对个人利益的追求真的会导致个体将共同利益和行为抛诸脑后吗？

人生来就是善良的！18世纪时，卢梭这样向时代呐喊。他认为是社会影响了生来幸福而自由的人类，使他们变坏及失去自由，只要人类以个体的形式独自生活，他就没有理由变坏。卢梭相信是外在影响使一个人变坏的，恶只有在与他人相处的情况下才会产生。他的观点是对社会激进的批评！尽管如此，个体还是需要依靠政治集体才能活下去，卢梭甚至认为集体比自由的个体更重要。

人生来就是自私自利的！霍布斯认为人生来就追逐名利，为了维护自己不惜牺牲他人利益。由于人类的自然状态是一种战争状态，所以人类需要社会契约来为他们创造和平的生活条件。

就连德国哲学家叔本华也将自私自利看作人类的主要动力，认为人类是自身直觉、欲望和意志的受害者。他以冬天豪猪的行为特点来形容社会中共同生活的情形：互相摩擦、伤害对方。叔本华认为，如果对于人类来说还有一线光明存在的话，那就是他们具有同情的能力：它使人类仍然具有善良的一面。

人生来是善良的，平等是天赋人权！英国哲学家和启蒙运动家洛克的观点要乐观得多。他认为，每个人都是带着同样的自身条件来到这世上，都具有理性的能力，因此社会的自然状态绝非是战争状态。人们相互之间进行合作并依据直觉遵循自然法则，

> 『一个时代的统治思想，始终只是统治阶级的思想。』
> ——卡尔·马克思

自然法则中也包含了平等和个人自由，社会契约的存在是为了保护这些法则。我们今天对人权和社会价值的认知就来自洛克的思想。

黑白分明

你能不经意间就想出一个完全性善或是完全性恶的人吗？

我愿意生活在哪种社会中？

每个家庭都会对家务进行分派。大部分孩子都得承担特定的厨房、花园或是自己房间的家务。可是应该依据什么来分配工作呢？每个家庭对于这个问题都有自己的标准，因为他们同属一个集体，而在集体中生活就存在着特定的原则。也许你认为你应该打扫自己的房间，但是对于多久打扫一次，以及应该干净到什么程度存在着争议。谁来吸尘，谁做饭，谁整理，谁去倒垃圾？也许你有兄弟姐妹可以同你一起分担这些工作，比如你的大哥和小妹。每个人都根据自己的兴趣来选择活干，还是说每个人都选择自己擅长的事情？在分配家务上也应该做到人人平等吗？

就像家庭一样，社会也需要特定的规则。然而规则具体的制定却是可以商议的。产生争议的关键在于社会中不同成员间具有不同的利益和偏好。一方面我们每个人都作为有别于他人的个体而存在；另一方面法律面前人人平等而且我们也希望被平等对待，无论穷人还是富人，几乎每个人都希望能够在社会中得到平等对待。

如何建立一个公平的社会？

如果我们要建立一个每个人都能得到同等对待的社会，我们该如何做到平等与公平？通过财富的平均还是权利的平等？每个人都能得到相同的机遇吗？美国哲学家约翰·罗尔斯针对公平社会提出了一个著名的思维实验。假设，你是一个政治组织的成员，可以对你所在社会的规则和法律投票，同样你也可以制定新的法律并从根本上改变社会。然而，组织中没有人知道自己在社会中究竟占据了什么地位。你既不知道自己的性别，也不知道自己的年龄，对于自己的身体能力、财富、出生地、智力及其他能力也一无所知。罗尔斯将之称为"无知之幕"（Schleier des Nichtwissens）。因为从理论角度来说，每个人都有可能降到社会最底层，所以你有可能做出公平且不受政治因素左右的决定，使财富得到平等分配。

如果你不知道自己在社会中的地位如何，那你会支持公平条件的实行吗？还是说你希望自己可以在社会中更上一个台阶？如果两个人在工作中实现了同样的成绩，却赚得了不

在理想国中,每个人都可以做他最擅长的事吗?

每个人都只需要做自己最擅长的事情!这听起来像是一个能让所有人都满意的完美答案。哲学家柏拉图在2500年前就已经构想了一个理想国。公平起见,每个公民都只做自己最擅长的事情。只是,我又怎么知道我最擅长做什么呢?

在柏拉图构想的社会中有三个不同阶层:最底层也是人数最多的劳动者阶层,包括农民、手工业者、商人和银行家;之后是卫国者阶层,负责监视和保护整个社会;最顶层的统治者则由哲学家占据,他们依靠智慧和经验做出有利于所有人的最佳决定。理想国的公正性在于每个人都完成自己在社会中的工作并起到相应的作用。每个人都将自己的事情做好。

理想国的建立需要每个公民都能独立完成自己擅长的工作,一个人的能力反映了他的兴趣,理想的国家同个人的能力一起致力于美好社会的建立。

顺便提一下,柏拉图理想中的由哲学家领导的国家从来没有实现过,阶级社会倒是真的出现过,而且存在了很长一段时间并构成了欧洲社会的基础。

一样的钱,比如因为其中一个人比另一个要年长,这又是公平的吗?一个拥有更大权力和责任的人是否该获得更多的收入?是否存在一个人人收入均等的社会?

公平还是不公平?

人类可能不考虑自己的个人利益而投票吗?

在一个种族主义者眼里,有色人种收入更低是否公平合理?

是否该将投票确认为一项义务,不投票的人将面临处罚?

出于对风险的考虑禁止基因技术是否公平,即使这种技术可以在世界范围内减少饥饿人数?

非人为因素的自然灾害也是非正义的吗?

我和群体，谁更重要？

假设，你的两个妹妹烤了一个巨大的巧克力樱桃蛋糕。厨房被她们弄得一团糟，到处都是奶油渍，要洗的烘焙工具堆成了山。你回到家期待着吃这个美味的蛋糕，而你们家有规定，用完厨房后必须把它收拾得同使用前一样。于是，你的两个妹妹请求你打扫厨房。对于这个请求，你做何反应？也许你觉得这个要求是合理的，因为你也能分到一块蛋糕，虽然你并没有参与烘焙。还是说你觉得应该由将厨房弄脏的人自己打扫才对？毕竟她们享受到了烘焙的乐趣。

你们姐妹间的亲密关系决定了你会做出何种决定。你会将个人利益放在群体利益之上，还是会把群体看得更重要？社会学对群体和社会进行了区分。群体中的人们有一种强烈的"我们"的感觉，相互团结。在传统的群体中，群体利益高于个人利益，因为个人无不将自己视为整体的一部分。而在一个社会中，人与人之间的关系则没有这种紧密的联系，仅仅因为社会中巨大的人口数量就决定了不可能所有人都互相认识。一个社会中存在着许多不同的群体。我们认为在如今的西方国家中，社会以现代化社会的形式存在，其中个人占据突出地位，所以我们在现代社会中更多地致力于保护个人权利和自由，无论个人身处何种文化的群体中。也正因如此，现代社会从根本上来说对人类身份的多样性呈开放性态度。

「哲学家们只是用不同的方式解释世界，而问题在于改变世界。」

——卡尔·马克思

所有人一起还是每个人各顾各

德国哲学家尤尔根·哈贝马斯认为，人际关系是一个社会最重要的基石。所以说，重要的不是个体性（Individualität）而是主体间性（Intersubjektivität），后者指两个人之间发生的关系。当代社会中存在着两种不同的行为方式：一方面现代个体将他人视为帮助自己获得个人利益的手段，这种将他人当作自己获利工具的做法被哲学界称为工具理性（instrumentelle Vernunft），它所在乎的是金钱、权力、关注度和地位；与之相对应的是借助语言、交流和理解起作用的交往理性（kommunikative Vernunft），在这种行为方式的引导下，人们具有共同的目标，相互讨论

自己的利益与价值观。通过这种主体间性的沟通与商量，个体间将会达成最大可能的共识。

为了最大程度地实现这种共识，哈贝马斯提出建立一种自由的对话机制，让论据说话。每个人都可参与讨论，无论他是领导还是雇员，重要的是他对自己意见的阐述，而且每个人都可以对他人的意见提出质疑。因此可以说，有意识的审查很多时候代表着权力和控制。

每个社会都追求公平和平等，但同样也致力于实现个体多样性和自由。公平不意味着没有差异性，每个人都有着不同的利益、需求和能力。社会不是机器，个人也不是自动装置，没法通过法律、按钮或是纯粹出于义务发挥作用。我们能够强迫一个人少挣或是多挣钱，减少或是增加自己的财富吗？我们可以制定法律要求所有人都向生活在别的国家的、在贫困线下挣扎的人们捐款吗？我们该怎么激发人们投票选举的积极性？在上述情况中，究竟是社会公平还是个人选择的自由对我们而言更重要？

为了在现实中实现理想和体现价值，人们的决定和行为都受到个人利益的影响。公平和平等的理想取决于社会是否愿意对它的成员承担社会责任，以及它能够承担多少社会责任。在传统的集体中，一个人对他人承担社会责任是理所当然的。现代社会必须形成新的"我们"结构与新的价值观来代替旧的"我们"结构。社会责任感和公平意识在社会中同个体的个人利益息息相关，但单凭个人是无法达成共识及集体意志的。理想的平等具体应该如何表现，这需要社会成员不断地沟通与磋商。

我的工作有何价值？

社交网络和数字媒体使社会机制和人类的行为变得显而易见，可是它们也能起到改变社会的作用吗？共享和分享经济是否会催生一种新的人际关系？它会成为一种新的商业模式，还是会导致一种产生于互联网开源运动中的分享文化得到发展？

德国哲学家卡尔·马克思认为社会历史即阶级斗争的历史。统治阶级占据所有生产资料并以此统治着工人阶级，不同的社会阶级依据个人财富进行区分。马克思认为，是私有财产造成了不同社会经济阶级的形成，拥有大量私有财产的人可以把他们的一部分资本投资到经济实体中，并以此成为生产资料的所有人。社会中生产资料的不平等分配使得个体与劳动之间产生异化，而产生这种异化的原因是进一步的分工与专业化，两者限制了个人喜好和能力的自由施展，导致个人无法看到生产的整个过程。马克思举例流水线上的工人和收银员来加以说明，他们都长时间地重复着同一工作。做着同样工作的还有开采金矿、钻石矿，以及其他珍贵资源的矿工，他们也无法看到这些宝藏的后续生产。

可是工作的价值究竟体现在哪里呢？人们生命中所从事的职业究竟有何意义？对于马克思而言，不管在何种社会形式下，人类都需要劳动，劳动的价值体现在它使人成为人。劳动是一种创造性的工作，有助于一个人自我价值的实现。裁缝、设计师和面包师都自己生产产品，他们可以通过劳动得到自我实现，同时拥有自己的产品，因为这些东西最终都属于他们自己。如果一个农民拥有自己的土地和生产资料，那么他便参与了整个生产过程。而对于受到雇用的工人来说，情况就不同了，如果工人生产的产品不属于他自己，而属于雇主，那么工人就无法同产品间建立直接的认同。他被强迫将自己的劳动力卖给雇主，劳动因此失去了它最初在人类生活中的意义——劳动变成了商品，以特定的小时工资计价。那些生产手机零配件的工人难道不应该在手机后续的市场销售中分一杯羹吗？

『各尽其能，按需分配！』——卡尔·马克思

资本主义社会有多公平？

在资本主义经济中，劳动的价值得不到尊重，因为出售产品的经济增值不会最终反映到生产产品的工人们身上。工人不仅同产品产生异化，也同自身和整个社会产生异化。资本主义的社会分工掩盖了劳动是一个群体共同行为的事实，每个人实际上都在为社会的繁荣和发展劳动。在资本主义社会中，工人们创造的剩余价值被统治阶级用来进行财富积累，这被马克思称为对工人的剥削。

剥削同样体现在工资水平的不同上。几乎所有人都在出售自己的劳动时间，银行家、流水线工人、收银员、老师和护工都是如此。一些银行家和投资顾问善于计算金钱并帮助顾客用钱挣钱，这里的剩余价值首先指的是金钱上的所得。教育者和理发师的劳动带来的则主要是社会意义上和美感上的剩余价值。一个银行家年入百万，而理发师和护工的收入却只是其九牛一毛，这是合理的吗？纵使水平相近，一个在德国足球甲级联赛里踢球的足球运动员收入远高于其他联赛的职业足球运动员，这又合理吗？

无阶级区分的社会，可能吗？

对于马克思而言，资本主义社会绝非我们共同生活的唯一可能性。他构想了一个无阶级区分的社会：在共产主义社会中，劳动不仅是我们实现目的的手段，同时也使我们所有人都有了施展能力的可能性。

具体的劳动都以生产产品为目的，以此来保证生活质量，满足人们的基本物质需求。劳动给了所有人施展才华的机会，劳动的意义不止在于用生产力、商品和劳动时间来换取金钱。人们无须先将自己的劳动成果转换成钱就可以同他人进行物物交换，比如裁缝和面包师之间就可以进行产品的

生活在一个交换社会中

维基百科的建立可以被转化成其他实物吗？

想象一下：一个社会是否可以不以金钱，而以满足物质需求作为最终目的？

如果所有人都拥有相同的财富，那么人们是否能不加嫉妒地承认他人的能力和功绩？

一个存在分享和交换的社会是否具有更多的公平性？

交换，这样双方都可以满足其基本的物质需要。然而，当一个面包师傅试图用自己的面包来换取医生或是消防员的服务时，问题就来了。我们该采用何种标准来衡量这两种截然不同的产品与服务呢？律师、公关经理等职业该如何参与到这种交换社会中来呢？毕竟从事这些职业的人并没有生产出属于自己的产品，他们的服务也不是为了满足人类最纯粹的基本物质需求。

马克思认为，解决上述问题的办法在于废除传统的社会分工及私有财产。一个理想中的现代化交换社会应该是一个开放式的社会，不要求人们进行一对一的交换：应该建立一个共同经营的经济形式，每个人各取所需、各尽其能。

想象一样东西……

是你所拥有的且绝不外借的。
是你愿意借出去的，因为你不想要了。
是你必须拥有的，因为它对你而言有十分重要的意义。
只有当你同他人共享时才能拥有它。
社会中没有人非得占有它，因为它更适合大家一起分享。
为所有人可得。

你的智能手机承载了你多少心智?

几乎每个人都知道智能手机坏了或是丢了是什么感觉。就在那一瞬间,你突然意识到,你再也没法查看里面的联系人地址、照片、存储的信息和个人信息了。那感觉,就好像丢失了自己身体的一部分。(好吧,如果你提前进行了云备份,那至少你还可以在家里把丢失的数据,也就是你的这些数字化记忆重新下载下来。)

为什么我们不把智能手机归为我们的心智呢?如果说我们的灵魂也存在于智能手机中,并同我们的大脑和记忆绑定在了一起呢?根据这些问题,澳大利亚哲学家大卫·查尔默斯(David Chalmers)提出了一种新的关于人类心智的理论思考。他的理论扩大了人类意识的界限:一个人从内部存储空间即大脑获得的信息,与从外部存储空间如电脑获得的信息有何不同?

你周围的环境是你的一部分！

"如今人类的大脑位于脑壳之外,神经也分布于皮肤之外",这句话出自加拿大人麦克卢汉。这位 20 世纪最具影响力也最负盛名的媒体理论家,早在智能手机问世前就对它和因特网做出了预测。媒体和科技使人类得到扩展,这便是他的结论。显微镜和眼镜的发明改变和优化了人类的认知,钟表影响了人类的时间意识,人类在日常生活中爱上了技术设备和不同形式的媒体。比如在骑车时,我们感觉轮子仿佛是自己的一部分,当我们需要停车时,大脑就会自动进行计算,以使我们的前轮能够正好停在障碍物前。

头还是手?

假设,智能手机被植入了你的大脑,你可以在不借助手的情况下随意调用信息、图片和视频。

这是不是意味着,当你想给某人打电话时,你只需要用自己的心智搜寻电话号码即可?

智能手机在你的大脑里和在你的手上,两种情况有何不同?

人类不是只用大脑进行思考，这一点证明起来相对容易。比如孩子们在计算时总是先拿出自己的手指头，之后才借助计算器。人类经常将自己的主意、想法和记忆写下来，无论是记在笔记本上还是智能手机里。他们记下电话号码，也记下约会的时间地点，这些信息被记录在外部的存储媒介中。麦克卢汉深信，人类通过这些媒体和技术设备拓展了自己的身体和心理能力范围。在这些过程中，诸如手机这样的技术设备就好像假肢一样成为身体的一部分。传播媒体是人类意识的一大延伸，它们不仅为我们的知识、记忆和经验提供了

你接受挑战吗？

哪种情况对你而言更具挑战性：

一天不用手机还是一天不用电？

存储的媒介，而且也增强了人类交流的能力，为我们认识世界提供了新的途径。比如人们可以通过因特网时时接触他人的生活，了解他们的言语、想法和感觉。

对于麦克卢汉而言，这种电子的联系甚至可以被誉为全球化集体意识形成的标志。电子传媒就像现代化的营火，人类围着它而坐。每个观众都能从电视中了解世界和其他人的情况。直至今日，数字化媒体还在继续推动着全球化的发展：智能手机给我们带来的便携式的实时交流手段与永久相连的感觉，在20年前还是无法想象的；维基百科并不只是我们这个时代最好用的查询工具，它也是人类知识史上第一个由全世界不同人类共同开发的成功的网络平台。

看来我们的心智不仅存在于我们的大脑中，它也存在于外界，在网络和形形色色的设备、存储媒体及我们的"假肢"中。这些设备将人类同世界连接在一起，周围的环境成了人类自身的一部分，我们同各种技术设备和媒介之间产生了情感和社会性的关系。还是说你对我们丢失智能手机后会产生如此糟糕的感觉有另外一种解释？

媒介的形式影响其内容吗？

你一边舒适地看着电视剧，一边用手机给你的朋友发信息，时不时地还在平板电脑上找寻有用的信息来应付下周的生物考试。

没有什么社会现象能像媒体文化这么快速地更新换代。每种新媒体又为我们带来了新的交际方式和影响。在手机流行起来之前，人们还无法在路上互相联系，而有了智能手机之后，人们甚至可以直接发送视频给对方。技术设备和媒体的出现减轻了人类的工作，为我们交流和获得信息提供了新的可能性，但同时它们也决定了我们对媒体的使用方式及其内容。麦克卢汉将之形容为"媒介即讯息"(Das Medium ist die Botschaft)，换一种说法就是：媒介的形式决定了它的内容。听起来是不是有些不可思议？是我决定了内容，媒介只是传输了它而已！如果我想祝某人生日快乐，那么我给他打电话、亲自拜访他或者给他发信息来表达我的祝福，不是都一样吗？

麦克卢汉认为，交流的关键不在于具体的内容而在于媒介本身，媒介在一定程度上影响了讯息的表达。并不是每种内容都适合在每种媒介上展示，短视频更适合在 YouTube 等视频网站中播放，篇幅较长的文章则更适合在杂志及书籍中翻阅。此外，每种媒介都有相对应的用户行为，比如我们在视频通话和普通的电话中表现就不一样。也许你不会特意地去思考这个问题，但是事实上，在你处理每一个讯息前，你都会做出使用何种媒介的决定。假设你要同某人分手，你可以通过手机发送信息，也可以给对方打电话或是直接约见。你决定采用何种方式将影响到你所表达的讯息内容。如果你同意这一点，那么你已经反驳了之前那个认为信息的内容不受媒介变化影响的观点（生日问候案例）。

每种媒介都可能包含了他种媒介

"媒介"这个词更容易让你想到它的技术特性还是功用？巴西媒体学者威廉·弗卢塞尔（Vilém Flusser）将媒介从技术层面和社会意义上，即以"我们能用它做什么？"为标准进行了区分。比如数字图片从技术上而言基于像素、数字和通过程序，以及算法建立的数据而存在。它的社会功用在于

害怕新媒体?

人类发明文字时也随即产生了最初的顾虑。批评者认为,文字会使人变笨,文字对思维的固定表达将会导致人们减少思考,他们害怕这将削弱人类的思考和语言表达能力。

18世纪时,人们阅读了越来越多的小说,有人便提出要谨防人们患上读书瘾。依靠阅读来打发时间是无用也是有害的。此外,人们认为女人特别容易深陷在文学的虚构世界中不能自拔。

1895年,电影在巴黎首先得到放映。在最初的一个放映场中,几个观影者充满恐惧地冲出了放映厅,因为他们在银幕上看到一列火车朝自己开来。

在出现了电视和电脑游戏后,人们开始担心看电视和玩游戏会使人上瘾,进而危害人类的心智。1985年,美国媒体文化研究者和批评家尼尔·波兹曼提出,我们的知识文化正在堕落成消遣文化,这是非常危险的,因为它将会减弱个人的思考能力进而破坏社会的民主。

过去20年,对于书本是否会消亡,以及流媒体将如何影响我们思维的讨论从未停止过。

以上案例你是否听过一二?

它可以成为图片、文件和交流手段。文字和图片是我们最重要的交流媒介，在书本、报纸、杂志和诸如电视、广播、电子书等电子媒体中，我们都能看到它们的身影，报纸包含了文字，文字又包含了语言。麦克卢汉认为，"一种媒介以另一种媒介为内容"。因特网的特殊性是否在于它包含了所有已存在的媒介？从这种意义上来说，因特网和电视之间有区别吗？

多重任务能力

一边听音乐，一边发短信，同时还看电影，好像不是什么问题。可是你同一时间可以进行几层思考呢？

我们的现实基于媒体吗？

> "媒体隐藏了它的作用机制，使我们很难对它追根究底。"
> ——阿兰·德波顿

日常生活中，我们从媒体那儿了解到不同的事件和信息，其中只有一部分是我们亲身经历过的。其他大部分信息都来源于不同的社交、新闻媒体与报纸。来自世界各地的新闻向我扑面而来，只有在极少数情况下我会清醒地去质疑这些新闻的真实性，注意到它们也许是歪曲现实的或者代表着某些人的利益。通常情况下人们总是想当然地认为，他们从媒体中获得的消息都是真实可靠的。当我们看到媒体中在报道一个国家时，就算我们没有去过这个国家，没有和当地人说过话，我们也会想当然地接受媒体提供给我们的关于这个国家的图片和信息，并将它们视为这个国家的现实情况。为什么会出现这种情况？为什么我们极少追问这些信息的真实性？这种向我们提供图片和其他信息的媒体现实是如何形成的?

传统媒体理论认为,一个现实状况被媒体发现,然后通过媒体传到了它的接受者那里。就新闻而言,一系列事件发生后,人们根据特有的规则选择其中的一些进行报道。新闻媒体根据不同的标准对新闻进行筛选,比如根据新奇性与重要性,依靠这些标准选出来的新闻既包括让人愉悦的事件,比如重要音乐、电影奖项的颁发,也包括令人难受的事件,比如事故、灾难、战争。对于一则新闻来说,它能否反映现实情况重要吗?或者说,新闻的本质是什么?是反映还是影响现实?

媒体文化建构主义理论认为,媒体不仅影响了我们的认知,也建构了我们的现实。这种建构主义驳斥了传统的交际模式,后者认为交际只是纯然复述信息而已。根据这种理论,媒体所给出的图片和新闻并非是对外部现实的临摹,媒体通过截取、选择事件并对它进行可视化和进一步分析从而影响并构建了我们的现实。一则新闻要采用什么标题与图片来进行报道?比如在报道战争时是否应该出现一个小孩的图片?镜头中是否应该出现死者和伤者?如何对一个事件进行评价?又该如何将这个事件同其他事件联系起来?什么不该说?什么不该播?

媒体对诸如经济和政治危机这样复杂的内容通常都会进行带有解读性的报道。就连对一场球赛的报道，也会被媒体拿出几个特定的场景进行评价并对结果进行分析。当然，大部分新闻和报道都是基于现实和真实数据的。一般情况下，新闻报道都应遵循新闻准则，不带任何偏见，尽可能保持中立，某些报道因为涉及评论所以总是多带了一点主观性色彩。可就算是看起来客观中立的新闻报道也不能避免影响我们的认知：比如新闻中持续出现的对暴力和犯罪的报道，会使我们产生一种现实中暴力和犯罪在不断增多的感觉。事实上，在缺少其他历史情况中暴力和犯罪的相应数据和背景信息时，我们是没法得出这个结论的。

我们感觉到的现实

我们会因为一个新闻说到了我们心坎上而相信它吗？

标题、图片和副标题是3种影响我们接收信息产生认知的因素。媒体的分析直接影响到了我们对现实的构建。被报道的现实情况实际上经历了两次阐释，第一次是在新闻报道者那里，第二次是在我们这些读者观众身上。媒体现实和媒体对真实事件的报道对我们的现实认知，以及世界观的形成造成了极大的影响。

固有思想如何影响我们的思考和行动

　　显然，媒体对现实的报道与外面的真实世界之间存在着差距。真实世界十分复杂，我们无法了解所有发生的事情，因此我们对现实的构建一直都是一个减少复杂性的过程。而我们为了更好地生活也必须对现实进行简化。在我们的日常交流中，固有思想和信息的简化是极其正常甚至是必不可少的。缺少了它们，我们将无法思考及做出行动。我们必须对世界上的许多信息和事物进行屏蔽，以使我们能做出行动，比如在购物时：如果我们想要买一条新裤子，我们无法试穿所有的裤子。通过事后我们告诉自己买到了最适合自己的裤子，我们简化了整个流程，尽管也许我们只试了100种品牌中的3种（每种品牌也许又有1000种不同的款式）。

　　比如"书呆子"和"金发女郎"，一说到这两个词，你的脑海中会出现什么画面？你又会把这两个词同什么联想在一起？一个长相漂亮、身材骨感的金发女郎或者一个行为古怪的书呆子是我们对这两个词的固有印象。它反映了我们对这两个词简化了的设想，并据此刻画了一个人、一个物体或是一个群体。这种形式的简化无法避免地出现在我们的日常交流中，这种固有印象使某种特性或是行为方式具有了普遍意义。常见的几大固有印象出现在对社会阶层和特殊职业群体的描述上。在事关一个人的身份时，比如他的年龄、性别、性取向、国籍、种族及文化，也常有固有印象出现。举个例子，请以"男人们""美国人"或是"银行家"开头自由造句。

来自世界各地的新闻和报道

为什么对负面新闻（比如事故、自然灾害、战争以及恐怖袭击）的报道会比对正面新闻的报道获得更多的关注？

每个人都能够说出自己的真实想法吗？

新闻记者要对他们所报道的新闻对读者或者观众造成的影响负责吗？

如果说固有印象已经成了现实中的正常现象的话，这又将会造成什么问题呢？固有印象简化、删减、概括了复杂的现实，这将导致一系列错误观点的产生。在最糟糕的情况下，它还将导致人们的偏见和互相排斥。就连记者、广告从业者、导演以及作家也在无意识或有意识中使用这些固有印象。他们生产的新闻、图片、电影、书籍，以及其他所有媒体形式都在影响着我们对世界、对环境、对整个社会的认知。

关注度可以购买吗？

每个班里都有一些人要比其他人受到更多的关注，比如美女、书呆子或者班级小丑。（注意，固有印象！）每个人所获得的关注度是不一样的，某些人会受到比其他人更多的关注，就好像有特定法则保持着社会群体的活力一样。然而，一个人究竟该获得多少关注度？他又是为什么而受到关注呢？

德国媒体理论家格奥尔格·弗兰克（Georg Franck）认为，社会中除了货币经济之外还存在着关注度的交易。钱是我们这个社会的主要货币，有了这种通用的交易手段，人们几乎可以买到所有的东西。弗兰克关于关注度经济的理论向我们描述了关注度是怎样被收集与进行交换的。关注度是人类的一种有限资源。而一种资源越是紧缺，就越受到追捧，它的价值也就越高。

例如一种媒体获得的关注度可以通过它拥有的读者数

量、点击量和访问量进行估算。这些数据极大地影响着这种媒体的增值度：数值越高，它获得的关注度就越好卖。比如通过广告位招商，关注度转换成了钱。网页运营商、出版社与电视台都是通过这种方式盈利的。

借助市场及广告运作，这种盈利手段甚至是有目的地进行的。这是怎么一回事呢？一种产品营销的目标不总是为了获得尽可能多的消费者的关注，很多情况下，它是为了讨好某些特定群体。这是对关注度质的要求，因为一种产品应凭借其特性得到特定人群的喜爱。

那么该如何吸引消费者的兴趣和关注呢？一种广为人知的策略是将产品个性化：为了使我们同产品间建立情感和个人的联系，这种产品就必须像一个人一样具有自己的特性；成功的产品不仅具有使用价值，同时也有塑造价值。使用价

我愿意付出多少来获得关注度？

我通过做什么来获得关注度？

我是为自己还是为他人获得关注度？

获得关注一定是好事吗？

值指的是一种产品具有何种功能，而塑造价值则道出了一种产品所具有的受欢迎度及特性。两种价值的结合使一件成功的产品成为一种品牌。

当自我展示变成了一种自我营销

媒体影响了公众舆论的形成，正因如此，政治界、经济界与社会各界才会对它趋之若鹜。媒体公司也具有自己的品牌价值，尽管它们在内容设置上各不相同。一些媒体致力于娱乐方面，另一些则更关注高质量的新闻和报道。一个媒体受到的关注和信任越多，它的品牌价值就越高。成功的媒体公司和数字平台就好像积累关注度的银行一样，它们产生、收集、贩卖关注度来盈利并产生新的关注度。一个电视台若是同一位名人合作，那么它在为自己获得了关注度的同时，可能也为自己获得了一个新的目标群体，因为这位名人在这个新的群体中具有相当的号召力。从另一方面看，这位名人收获的不仅是金钱，也有对他的品牌价值的肯定与提升。

个人公开的自我营销包括3种不同的获取关注度的形式：声誉（Reputation）、声望（Prominenz）和荣誉（Ruhm）。

声誉同专业能力即特殊技能结合在一起。比如一个外科医生也许就有对某类心脏手术特别在行的声誉。如果他的同事和病人都对此表示认同，那么他就具有专业声誉，并且经常得到举荐。

如果一个人声望很高，他就不仅在自己的专业领域有名了。公众不仅对他的才能，同时也对他的私生活感兴趣。一个具有声望的人将他的一切都暴露在了公众面前。

一个在死后仍获重视的人便是一个享有荣誉的人。这类人包括天才发明家、艺术家或是科学家，比如阿尔伯特·爱因斯坦，同样也包括重要的皇帝和政治家。他们中的一些人直到死后才为世人所知，比如凡·高，他被视为现代最著名的画家，然而他在世时，却只是一个被埋没了的天才，没有多少钱，也没受到多少关注。

> "别人对自己的关注是一个人最难以抵制的诱惑。"
> ——格奥尔格·弗兰克

自我营销 3.0

媒体依靠源源不断的信息流通成为我们社会生活重要的组成部分。我们既能通过它获得世界各地的新闻，也能通过它了解明星和名牌产品的最新消息。社会中的明星需要媒体的关注度来树立自己的品牌形象，媒体也需要依靠明星和名人来获得关注度，两者都需要依靠获得观众和消费者的关注度来盈利。明星和名人是关注度经济中收益最大的群体，他们依靠比如脱口秀和广告赚得关注度，并将其转化为钱。

通过才艺秀这种电视节目形式，名人成为一种可以造就的商业模型。自我展示变成了公开的自我营销，个人像一个商标一样被交易。如果说20世纪的电视捧红了许多明星和名人，那么在21世纪，越来越多可以获得关注度的新型市场得到了发展，其中包括所有具有影响力的形式。博客和一些网络形式甚至获得了比许多电视形式更多的关注度，拥有自己的YouTube频道或者博客甚至可以让人维持生计，而这些新形式盈利的基础便在于它们从观众和消费者那里收获的关注度。

一样事物若是受到了大多数人的关注，是否就会引起我们的注意？

关注度经济遵循一条法则：人们总是会对他人关注的事物产生好奇。这几乎可以算得上是一种条件反射。比如炎炎夏日，许多人手拿冰激凌从你身边经过，你一定会不由自主地产生想吃冰激凌的冲动。再比如最新排在第一的热门歌曲，因为这首歌受到了许多人的追捧，你一定会注意到它——无论你是否喜欢它。

个人数据信息值多少钱？

数字化社会为我们提供了许多东西：我们可以和所有可能的人就所有可能的话题进行交流、讨论意见和实施项目。我们虽然独自坐在电脑前，却可以同时与整个世界分享信息。然而我们冲浪、工作、交流、购物和消费的这个网上空间从属于谁呢？我们上网越久就越容易忘记自己是在一个公共空间这一事实。那些我们使用的网络基础设施通常都从属于一些大公司，后者对于我们在网上浏览和点击哪些网页很感兴趣。

企业收集的不只是关注度，还有用户注册信息后留下的痕迹。这些痕迹以数据的形式被保存下来，得到进一步的分析后被销售出去。从这一点上来说，数据就好像有形的原材料一样。除了关注度经济之外，数据资本主义也得以建立，它将用户和消费者的数据加以使用，比如用来制作个性化的广告。

就连用户的行为也有多种多样的用途。比如一个用户在网页上对一个产品进行了评价,那么他就相当于在其他潜在客户那里为这个销售平台和被评价的产品做了广告。那些在平台上标记或是评论视频和图片的人同时也为平台结构进行了整理和优化,没有他们的付出,平台信息将杂乱无章。

我希望保留多少私人空间?

一个咖啡馆是一个公共空间吗?当然,至少对于坐在里面的客人来说。但是他们之间谈论的话题却大部分属于私人范畴。难道说你认为咖啡馆老板会把客人们的对话给录下来公布在咖啡馆博客上?这是合法的吗?然而咖啡馆老板确实有权拒绝某个客人进入。对于一名记者来说,咖啡馆又是一个绝对的公共空间。他可以在那里观察别人,如果正好遇到

发布、分享、评论

在你发布、上传或是评论什么之前,你是否阅读过网站的"使用条款"?

数字化的社交网络更多地用于自我展示,还是体现了一种富有创造性的分享文化?

什么名人也在场,他甚至可以不经询问对他进行报道。从这个例子我们可以看出,咖啡馆是一个介于私人空间和公共空间的地方。对于咖啡馆老板来说,它是私有财产,然而他只有在将它变成一个为人所知的公共空间之后,才赋予了它存在的意义和盈利的可能性。对于客人们来说,咖啡馆就是一个公共空间,他们可以在里面进行私密的谈话,也可以在里面进行开放性的展示。

关于私人空间还有另一种定义:私人指的就是当一个人

"我们的社会不是一个公开场面的社会,而是一个监视社会。我们并不站在舞台之上,而是被限制在一个一览无余的齿轮机器中,每个人都是推动机器运转的一个轮子。"
——米歇尔·福柯

不被他人观察的时候。因此，我们在儿童乐园、大自然以及旅行中都可以享受私人空间，虽然我们其实身处公共空间中。自由社会只有在公共空间中才能得到展现：一方面，人们必须享有言论和行为的自由；另一方面，每个个体都需要一个不被人打扰的私人空间，一个人的信仰、政治倾向，以及对于身体健康的判断都属于私人范畴。没有私人空间就没有公共空间，反之亦然。难道说你能想出一个没有私人空间只有公共空间的自由社会？

哪些属于私人空间？

设想一条关于你的信息……

是你绝不泄露的。

是你不会告诉任何人的，因为反正大家都知道。

是其他人很想知道的。

被公司知道了并将它泄露了出去。

本身是无价的。

我想成为什么样的人？

我们一方面要求人人平等，享有相同的权利和机会；另一方面每个人却又都是不同的，有自己的偏好。在这一点上我们又持有了一致的意见，即我们每个人都具有个体的特点，也希望被作为不同个体来对待。然而，如果一个人的个体性不被他人所承认的话，那么它就失去了其存在的意义。从某种意义上来说，个体身份甚至要依靠他人才能得到定义。如果说我是一个对艺术和文化感兴趣的人，这是因为我自己这么觉得，还是因为我在他人眼中是这样一个人呢？

我们为什么要展示自己？

我们需要他人来使我们成为自己，这点听起来似乎挺矛盾。因为人类不只对他人的生活感兴趣，也希望同自己对话。法国哲学家米歇尔·福柯认为，现代人是一种喜欢坦白的动物。人类渴望在公共空间中向他人倾诉。为了达到这个目的,许多不同的展现自我的技术得以发明。比如在中世纪时盛行"忏悔",到了现代流行"诊疗""咨询"和"脱口秀"。在图书市场上自传被作为一种独立题材得到传播,并且经常位居畅销榜首。就连个人的日记也成了自我倾诉的一种手段,只不过它只是一种个人同自己的对话而非在公共空间中进行。以色列社会学家伊娃·易洛斯(Eva Illouz)认为,有一种形式的自我展示在20世纪的社会中变得特别重要:诊疗中的自我展示。在这种形式中,私人的经历与诸如成功、疾病和危机这样的细节尤其重要。

"在西方社会中,人类已经成为一种喜欢坦白的动物。"
——米歇尔·福柯

做你自己!

这些不同的自我展示形式有什么共同点?它们都以创造性地塑造个人形象为目的。人们进行自我剖析及自我倾诉,是为了达到诸如更好地认识自己的目的。而且,我们只能不断发展、展现自己的个性。每个人都希望实现自我、发挥个性。我们已经习惯于生活在一个充满个人主义的社会中,每个人都可以为了自己的设想努力。这对于我们而言再正常不过了。但是我们每个人相对于他人而言究竟有多特别呢?

印象

你在他人心中的印象比你在自己心中的印象更重要吗?

如果一个人说他并不想展示自己,这是不是也算作一种自我展示?

我究竟有多独特？

我有鉴赏能力吗？还是说我只是做着对我而言重要的事，喜欢着对我而言重要的人？我最爱看的电视剧，我的服装、爱好，以及同朋友们聚会的咖啡厅，真的是我个人喜好和生活方式的展现吗？

对于法国社会学家皮埃尔·布尔迪厄来说，个体间出现区别是因为个体从属于不同的社会群体。布尔迪厄针对个体在不同群体、社会阶层和环境中如何生活在一起进行了研究。（在这里，我们把社会分为3个阶层：上层、中层和底层。这3个社会阶层又各自下分为许多不同的社会环境。）社会环境对于生活在其中的个体而言是一大重要的参照依据。在一个群体中，绝大多数个体会将彼此作为参照物进行模仿。比如每个人都认识自己直接或间接的榜样，不管这个人是自己的父母还是社会环境中的他人。

做自己也意味着同他人隔离

然而,个体间的社会区别并不仅仅因为个体从属于不同群体,也有隔离和竞争的作用。一个社会群体成立的一大重要动力便是将自己同其他群体间区分开来。一个群体的自我塑造和自我展现首先有利于对社会区别进行标记,它可能涉及某种特定的形式,比如度假目的地或是购物袋的选择。布尔迪厄认为,我们每个人都在持续不断地将自己同其他社会环境隔离开来。这背后蕴含着什么理论与基本认知呢?

1 一个人所有的行为、感觉和思考都是他从属的社会群体的展现,这其中包括饮食、服装、住所、爱、体育、喜好以及宗教等内容。每个人都有其特定的外表和举止,这是在他的社会生活中渐渐产生的。这种外表和行为的特点可以被视为一个人对待生活和社会的基本态度。我们接受了影响自己的行为和思考,并将它们转化为自己的行为和思考,从而形成了一整套体系。我们的外表和举止塑造了我们的性格。

2 每个人在社会中的地位依据他的资本得到定义。社会中一共存在3种不同的资本种类:经济资本、文化资本和社会资本。经济资本指的是一个人拥有的钱和物品;文化资本由

一个人拥有的知识、教育、证书和技术能力构成；社会资本首先指的是个人的社交网络和朋友圈，如果一个人具备优异的社交能力，那么就连个人情感也能在工作和日常生活中变成资本。一个人的资本和同它联系在一起的生活方式，体现了这个人的社会地位。

苹果总落在离树干不远的地方

你从父母那里继承了哪些宗教特性和饮食习惯？

你的朋友们都具有相似的穿衣品味吗？你们喜欢听一样的音乐，看一样的电影吗？

3 我们通过从属于某一群体而将自己同他人区分开来。通过选择周围环境中的人和物体，我们将自己区别于他人，同时也向他人展现自己更喜欢和谁待在一起。喜好和消费习惯是一个人从属于某个群体与区别于其他群体的两项重要标准，这一点在穿着上体现得特别明显。比如我们可以观察一个人衣服的品牌与颜色，也许这个人想通过这种穿着打扮展现他对世界和社会的一个态度。

布尔迪厄认为，没有人可以自由选择自己的外观和行为举止。每个人虽然会在主观上产生一种感觉，好像自己以一种个人的方式生活，但它归根结底只是社会影响和模型的一种展现。它体现了个性的自我矛盾之处。成为一个个体意味着什么？我们所有人都该被当作不同的个体吗？尽管现实中我们并没有那么不同。还是说这种个体间的区分其实只是为了体现个体在社会中不同的社会地位？

对于品味的纷争

你有时候会特意同那些跟你品味不同的人保持距离吗？对你而言什么是"好品味"？

你可以想象生活在其他社会环境中吗？在那里，其他价值观更为重要，人们对于空闲时间的安排也同你截然不同。

如果有人对你的品味进行尖锐的批判，你是否会觉得受到了人身攻击？

每个人都是艺术家？

一个出现在购物街上的表演艺术家通过自己的艺术改变了这条街的景象。他占据了这个空间的一部分并在那里构建了一个吸引观众的舞台。艺术家们喜欢把这称为占据公共空间。步行区的某个小丑也算得上是艺术家吗？

我们最常从艺术家嘴里听到的关于艺术的定义是：艺术是一项为了其本身而进行的创造性实践。艺术创作是为了艺术本身，没有其他目的。艺术应该是自由的，不受经济、日常生活以及政治因素影响的。相反手工业是在制造有用产品，设计师和手工业者生产的是具有特殊功用的物件。所以说，设计因为具有特定的目的性而无法被称为一种艺术？通常情况下，一个人可以通过学习成为一个手工业者，也可以

> 「每个人都是艺术家。」
> ——约瑟夫·博伊斯

通过接受培训成为一个设计师。那么艺术家呢？每个人都可以创造出艺术品吗？还是说需要一些特殊的技能和才干？

"天才艺术家"是一个直到 19 世纪才出现的词汇。当时人们对艺术天才产生了一种狂热的崇拜，并且认为只有那些置身于所有要求之外的真正的天才，才有能力创造出艺术品。一个人只有具备了某些特殊的能力（比如感知力或是其他某种特殊知识），才能看懂艺术品真正想要表达的意思，才能真正地去享受它。如今，艺术品、手工制造品、设计和商业产品之间的界限已经日渐模糊，特别是那些位于博物馆或是被个人收藏的艺术品早已失去了其自由性，成为全球市场的一部分。所以我们能说一切东西都是艺术品吗？

艺术的价值

一件除了艺术家没人看到过的物品可以被称作艺术品吗？

我必须认为自己喜欢的东西是美好的吗？

大多数时候我们看到的都只是艺术品,只有在极少数情况下有机会遇到艺术家本人。对于艺术品而言,最重要的场景便是博物馆了。一件物品要是被收入博物馆,它就会被人当作艺术品,不管人们觉得它是好还是差,这点听起来虽然有点没道理,但确是事实。那么该由谁来决定博物馆的馆藏呢?谁来界定艺术?艺术品的分类、整理和评价并不由艺术家本人负责。起决定性作用的是观众,以及由专家、艺术馆长、私人收藏家、艺术评论家、艺术研究者组成的团体,是他们构造、影响并阐释了艺术史。整个艺术史由不同时期涌现的艺术品构成,这些艺术品之间相互呼应、反复影射。每一件艺术品都代表一个传统、一段历史、一种关联。关于一件物品"是艺术还是可以被扔掉"的问题颇具争议,这同时也说明一件艺术品的价值并不一定能得到认可,它也不一定具有一个明确的意义。只有在了解了它的背景知识,知道它是怎么产生的,以及同什么相关联之后才能真正地理解它。

1917年,法国艺术家马塞尔·杜尚在纽约的一个展览上提交了一个以男便池为内容的作品。他把自己的作品命名为《泉》。虽然他的作品被拒,最后也没能得到展览,但是他的这个男便池在今日却被许多专家视为20世纪最具影响力的艺术品。因为从他之后,将日常物品作为艺术品展出变成了一件再正常不过的事。一个男便池真的可以被称作艺术吗？一个艺术家找了一件物品进行展出就可以使它变成一件艺术品了吗？

　　杜尚选用日常物品来进行展览达到了一种目的，这种目的对于今日的艺术品而言也十分重要：艺术品的展出不仅关乎它的外观、展示了什么东西，还有它背后隐藏的含义。杜尚是一个激进分子，他想通过自己的展出品说明一点：每个物品，无论多么的普通与常见，它都可以成为一件艺术品。杜尚希望参观博物馆的观众都能对自己提出这样一个问题：展出的这个男便池同外面世界成千上万的男便池有什么区别？看懂这种形式的艺术重要的是去理解艺术品背后的理念、艺术家的想法，以及他向观众提出的问题。另一个深受艺术家们喜爱的主题是他们

「自古以来，艺术的最重要任务之一便是对时下尚未完全满足之问题的追求。」

——瓦尔特·本雅明

谁来决定什么是艺术？

创造一个新词！

艺术化（Kunsten）= 进行艺术创作

这是艺术吗？

对自身角色的拷问。美国流行艺术家安迪·沃霍尔甚至大胆尝试只对作品的主题和颜色做决定，而把艺术品的具体创作交由他人完成。出于这个原因，时至今日人们对于他的一些作品仍持保留意见，因为人们无法肯定它是否真的出自这位艺术家之手。我们只知道这位艺术家往往委托他的助手来完成他的作品，而他本人有时甚至都不出现在创作现场。

艺术是互动的！

无论是否愿意，我们所有人都是艺术的消费者，因为我们无时不刻不在偶遇艺术，在大街上、公园里、墙上或者

仿制 & 伪造

想象以下两种情况：

1. 你站在卢浮宫《蒙娜丽莎》画像前，这时却发现你眼前的这幅画像是伪造的。

2. 你给自己买了一部山寨手机。是什么决定了两种情况中原产品的价值？为什么一个看起来同原产品一模一样的仿制品却没有原产品那么有价值？原产品的价值由其价格决定吗？

是电影院里。如果我们要对自己看到的东西进行阐释或者讲述我们的经历,那么我们就积极地加入到了对什么是艺术的讨论中。从另一方面来说,当我们画画、弹奏乐器或是写诗时,我们自己也是艺术的创造者。艺术是艺术家、艺术品和观众之间互动的过程。我们对艺术的评论总是融入了自身的兴趣与人生经验,也正因此,每个人同艺术的关联都不尽相同。一个人可能觉得某些艺术品特别的深入人心,而对另一些则完全无感或者认为其毫无意义。

> "为什么人们喜欢夜晚、花朵、一切周遭的事物,却不会想去了解?但如果是一张画,就非得了解不可?"
> ——巴勃罗·毕加索

为什么需要艺术?

- 一个人为什么要进行艺术创作?
- 一个人是创造艺术还是观赏艺术,对于艺术评论而言至关重要吗?
- 你会有时将自己视为艺术家吗?

为什么"幸福"那么难定义？

"慢慢地我开始讨厌幸福这个话题了。"这位来自德国的研究幸福最著名的哲学家威廉·施密德（Wilhelm Schmid）如是说道。近10年来，他不断被人问及这个话题。也许因为每个人都曾考虑过这个问题，所以才会有那么多人对这个话题感兴趣。那么所有人都追求的这种"幸福"究竟是什么呢？

幸福有其自身的目的：想要幸福，才能幸福。也许正因为如此，我们才难以定义幸福究竟是什么。此外，当我们试图去定义"幸福"时，（至少）存在着3个问题：

1. **对幸福的感知带有主观性。** 使我幸福的事情可能对他

> "我们只有一个与生俱来的错误，那就是认为我们来到这一世界，目的就是要过得幸福愉快。"
> ——亚瑟·叔本华

人毫无影响力甚至会造成不幸，而且就算一个人拥有了一切幸福所需的东西，也不意味着他就一定能幸福。

2. 对幸福的感知是以对其对立面的感知为前提的。一个感受到幸福的人，一定也感受过不幸和伤痛；一个不曾感受过伤痛和悲伤的人无法体会幸福生活的感觉。

3. 对于世界上究竟是否存在着"幸福"，我们无法确定。我们所称为"幸福"的一切东西其实都可以用其他词来代替：兴趣、乐趣、成功、金钱、高兴、威望、性欲、权利或者名誉。

幸福的哲学药方

德国哲学家叔本华认为，悲伤是所有生命的基本状态。因此他也把幸福形容成没有疼痛和悲伤存在时的一个短暂时刻。幸福真的只是一瞬即逝的感觉？在这里我们罗列了其他一些哲学家给出的关于"幸福"最为著名、影响最为深远的几条观点：

充满激情、勇于冒险地生活吧!

对于弗里德里希·尼采来说,一个人如果突破了自己的极限,那么他就是幸福的。"什么是幸福?——当你的力量增大到可以克服困难时,你所体会到的感觉便是。"在生活中冒险、突破自己的极限,这对于尼采来说是生活的最高享受。

做跟你个性相符的事情!

过同你个性相符合的生活!亚里士多德同样认为幸福不存在于理论中,而要从我们的日常生活中寻得。作为一个典型的乐观主义者,他认为人们可以通过做自己擅长的高尚行为获得幸福。最大的幸福在于我去做自己喜欢做的事情并且沉浸其中。

过隐士生活吧!

古希腊哲学家伊壁鸠鲁如果活在今日恐怕不会喜欢 Facebook 和 Instagram。他倡导人们带着自己的朋友们从公众视野中消失,退回私人生活中寻找幸福。对他而言,幸福的最高境界是获得灵魂的安静和不受疼痛的折磨。

注意你的想法!

"使我们不安的不是事物本身,而是我们对它产生的想法。"古罗马哲学家爱比克泰德想要借此告诉我们什么?很多时候我们对于事物的忧虑和害怕,要比这件事本身更可怕!

专注于自己已有的东西!

伊壁鸠鲁发现,人们总是倾向于追求自己没有的东西。这会导致人们忽视自己已有东西的价值。此外,一个左顾右盼的人总是会觉得别人拥有比自己更多更好的东西。对于伊壁鸠鲁而言,这是导致不幸的最大原因。

现在!

影响最为深远的关于幸福的建议出自法国哲学家阿尔贝·加缪:我们一直生活在当下!所以就连悲伤和幸福也应该是当下的感受!所以尽情地享受这一刻吧!你只有在当下才能找到幸福和生活的意义!

这一切都是为了什么?

问你周边的5个人,对于他们而言生活的意义是什么!

我的生命有意义吗？

起床，刷牙，吃早餐，去上班或者去上学，休息，接着上班，然后是业余时间，睡觉，起床……每天我们都在重复着这些行为，直到在生命的某个时刻死去。我们所有人都会死。死亡是我们生命中可以确定的为数不多的几件事之一。正因如此，法国哲学家阿尔贝·加缪认为人类的存在便是荒诞的。我们在一个没有意义和希望的世界中生活，仿佛这一切都有意义似的。生活没有意义吗？没有意义的生活真的值得过下去吗？

对于加缪来说，答案是肯定的。这个意识到自身存在荒诞性的哲学家同样认为自己的生活是有意义的。我是谁？我想成为怎么样的一个人？对于我而言什么是重要的？也许每个人都对自己提出过这些问题。我们对于荒诞人生的经历，反

"每个个体的生命不也是一件艺术品吗？"
——米歇尔·福柯

而使我们可以摆脱所有的限制和外在影响来思考我们生活的意义。难道不是死亡促进了我们对于这个问题的思考吗？对于加缪而言，我们存在的荒诞性正好证明了没有既定意义的存在。人类没有被束缚在一个特定的生命意义中，人们有自由，同时也有责任找寻到自己生活中的意义。这也意味着不要让外界给自己强加意义。找寻自身意义的经历给予了每个人

「真正严肃的哲学问题只有一个：自杀。自己做出关于生命是否有价值的决定，被生命超越或者没有被生命超越，本身就是在回答哲学的根本问题。」

——阿尔贝·加缪

如果……

如果你明天就会死去，你今天还会做什么？

以自由，使其不管外界因素多么具有诱惑力或说服力都能做到不受其影响、不做出违背自己意志的事情。

正如艺术不具备明确的使用价值或目的一样，生命也没有一个明确的意义。也许"意义"并不附加于存在之上，而是直接从属于存在，同存在密不可分。虽然一个人的生命意义是不确定的，也不会被提前给出，但是它却存在于我们的生活中，也因此很难被找到。艺术和死亡告诉我们：有这么一些东西，它们存在于我们日常生活经验之外。

引文

Ins Abenteuer des Denkens springen

S. 11 Textauszug aus: Ludwig Wittgenstein, Schriften 1. Tractatus logico-philosophicus. Tagebücher 1914–1916. Philosophische Untersuchungen. © Suhrkamp Verlag Frankfurt am Main 1960. Alle Rechte bei und vorbehalten durch Suhrkamp Verlag Berlin.

S. 12 Zitat aus: Hannah Arendt: Werke, Denken ohne Geländer © 2005 Piper Verlag GmbH, München.

Ich

S. 14 und 15 Zitate aus: René Descartes: Betrachtungen über die Grundlagen der Philosophie, übersetzt von Ludwig Fischer.

S. 16 Zitat aus: Walter Benjamin: Über den Begriff der Geschichte.

S. 18 Gedankenexperiment nach: Frank Jackson: »What Mary Didn't Know«. In: Journal of Philosophy (83), 1986.

Mensch

S. 24 Zitat aus: Hermann Diels, Walther Kranz (Hrsg.): Die Fragmente der Vorsokratiker, übersetzt von Hermann Diels.

S. 26 Zitat aus: Jean-Paul Sartre: Der Existentialismus ist ein Humanismus: Und andere philosophische Essays 1943–1948. Reinbek bei Hamburg: Rowohlt 2000.

S. 28/29 Fähigkeiten-Liste nach: Martha C. Nussbaum: Gerechtigkeit oder das gute Leben. Frankfurt am Main: Suhrkamp 1998; sowie Martha C. Nussbaum: Fähigkeiten schaffen. Neue Wege zur Verbesserung menschlicher Lebensqualität. Freiburg: Karl Alber Verlag 2015.

Natur

S. 37 Zitat nach: Aldo Leopold: »Thinking like a Mountain«. In: A Sand Paper

County Alamanac, and Sketches Here and There, übersetzt von Jörg Bernardy.
S. 38 Zitat aus: Henry D. Thoreau: Walden oder Leben in den Wäldern, übersetzt von Wilhelm Nobbe.

Tiere

S. 42 Zitat Arthur Schopenhauer: Psychologische Bemerkungen. In: Parerga und Paralipomena II.

Freundschaft

S. 52 Zitat aus: Ralph Waldo Emerson: Essays. Erster Teil, übersetzt von Jörg Bernardy.

Sprache

S. 63 Textauszug aus: Ludwig Wittgenstein, Schriften 1. Tractatus logico-philosophicus. Tagebücher 1914–1916. Philosophische Untersuchungen. © Suhrkamp Verlag Frankfurt am Main 1960. Alle Rechte bei und vorbehalten durch Suhrkamp Verlag Berlin.
S. 64 Gedankenexperiment nach: William James: Pragmatismus. Hamburg: Meiner 2016.
S. 72 Zitat aus: Paul Watzlawick: Menschliche Kommunikation: Formen, Störungen, Paradoxien. Bern: Huber 2011.

Liebe

S. 77 Zitat aus: Kurt Tucholsky: »Rosa Bertens«. In: Die Schaubühne, 07.05.1914.
S. 81 Zitat aus: Judith Butler: »The body you want: An interview with Judith Butler«. In: Artforum, November 1992, übersetzt von Jörg Bernardy.

Gesellschaft

S. 88 Zitat aus: Thomas Hobbes: Leviathan. Hamburg: Meiner 1996.
S. 90 Zitat aus: Walter Benjamin: Über den Begriff der Geschichte.
S. 92 Zitat aus: Karl Marx, Friedrich Engels: Das kommunistische Manifest: Eine neue Edition. Hamburg: Argument Verlag 2010.
S. 97 aus: Karl Marx, Friedrich Engels: Thesen über Feuerbach. Dieses Zitat hat Karl Marx von dem französischen Sozialisten Louis Blanc übernommen.
S. 99 aus: Karl Marx: Kritik des Gothaer Programms.

Medien

S. 104 Zitat aus: Marshall McLuhan: »Geschlechtsorgan der Maschinen. PLAYBOY-Interview mit Eric Norden« In: Absolute McLuhan. Orange Press 2011.
S. 107 Zitate aus: Marshall McLuhan: Die magischen Kanäle. Understanding Media. Dresden: Verlag der Kunst. 1995.
S. 108 Zitat aus: Marshall McLuhan: Die magischen Kanäle. Understanding Media. Dresden: Verlag der Kunst. 1995.
S. 110 Zitat aus: Alain de Botton: Die Nachrichten. Frankfurt am Main: Fischer 2015.
S. 116 Zitat aus: Georg Franck: Ökonomie der Aufmerksamkeit. München: Hanser 1998.
S. 119 Textauszug aus: Michel Foucault, Überwachen und Strafen. Übersetzt von Walter Seitter.
© der deutschen Ausgabe Suhrkamp Verlag Frankfurt am Main 1976.

Sinn

S. 122 Textauszug aus: Michel Foucault, Sexualität und Wahrheit. Erster Band: Der Wille zum Wissen. © der deutschen Ausgabe Suhrkamp Verlag Frankfurt am Main 1987.
S. 127 Zitat nach dem Vortrag: Joseph Beuys: Jeder Mensch ein Künstler. Auf dem Weg zur Freiheitsgestalt des sozialen Organismus. 1978.
S. 129 Zitat aus: Walter Benjamin: Das Kunstwerk im Zeitalter seiner technischen Reproduzierbarkeit.
S. 131 Zitat aus: Pablo Picasso: 13 Tage im Leben von Pablo Picasso. Ein Film von Pierre Daix, Pierre Philippe, Pierre-André Boutang. Arte Edition 2006.
S. 132 Zitat aus: Wilhelm Schmid: »Ich hasse das Thema Glück mittlerweile«. Interview mit Iris Radisch. In: DIE ZEIT, Nr. 52 (23.12.2015).
S. 133 Zitat aus: Arthur Schopenhauer: Die Welt als Wille und Vorstellung.
S. 133 Zitat aus: Friedrich Nietzsche: Der Antichrist.
S. 134 Zitat aus: Epiktet: Handbüchlein der Moral, übersetzt von C. Hilty.
S. 135 Textauszug aus: Michel Foucault, Schriften in vier Bänden. Dits et Ecrits. Band IV. 1980–1988. © der deutschen Ausgabe Suhrkamp Verlag Frankfurt am Main 2005.
S. 136 Zitat aus: Albert Camus, Der Mythos des Sisyphos. Deutsche Übersetzung von Vincent von Wroblewsky. Copyright © 1999 Rowohlt Verlag GmbH, Reinbek bei Hamburg.

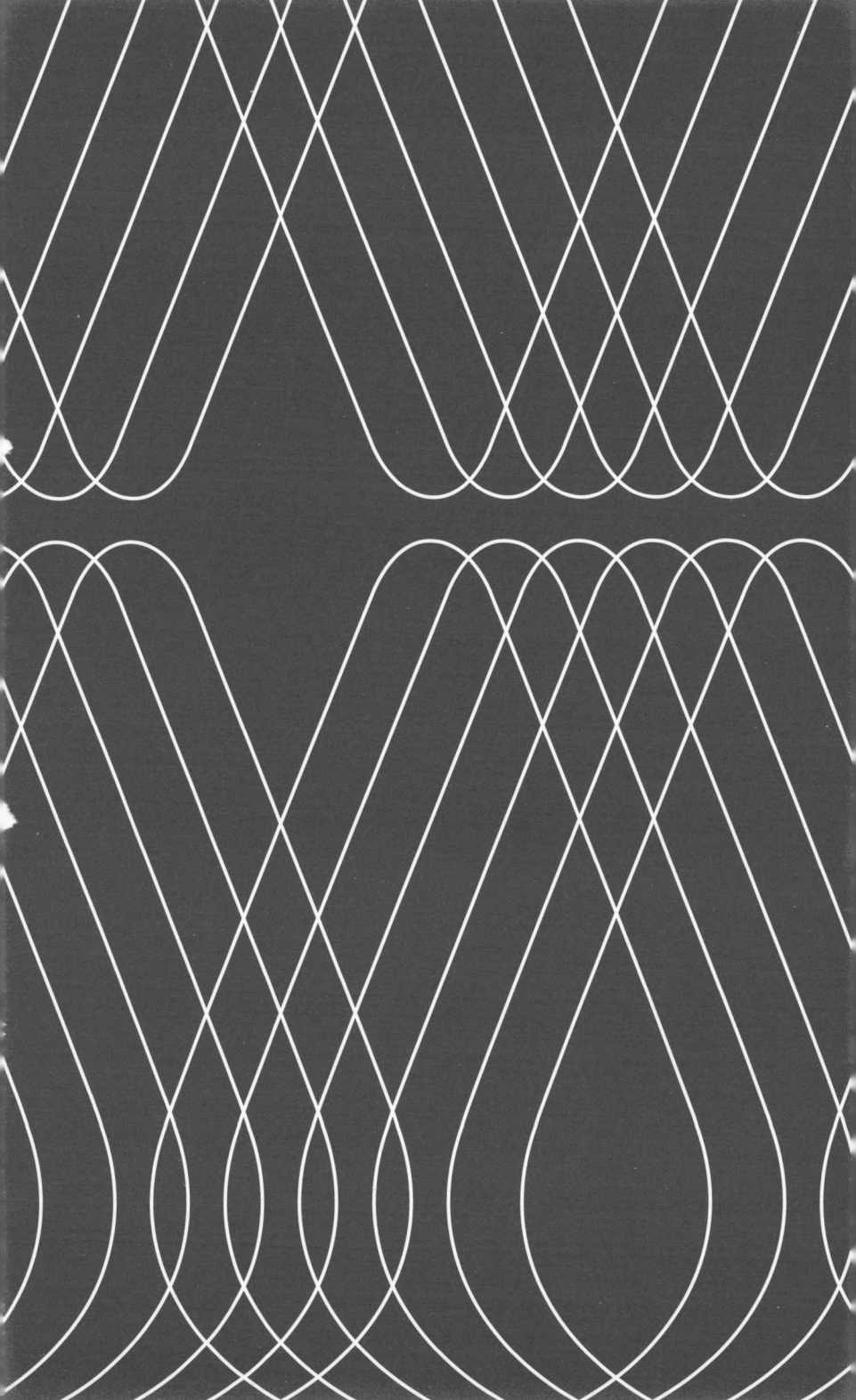